KB093828

교차성 x 페미니즘

Intersectionality x Feminism

교차성 × 페미니즘

시은이	한우리 김보명 나영 황주영
발행	고갑희
주간	임옥희
기획	한우리
편집·제작	사미숙
펴낸곳	여이연
주소	서울 마포구 월드컵로 8길 72-5 4층
전화	(02) 763-2825
팩스	(02) 764-2825
등록	1998년 4월 24일(제22-1307호)
홈페이지	http://www.gofeminist.org
전자우편	gynotopia@gofeminist.org

초판 1쇄 발행 2018년 8월 20일
초판 2쇄 발행 2019년 4월 5일

값 15,000원
ISBN 978-89-91729-36-0 93330

교차성 x 페미니즘

한우리 김보명 나영 황주영

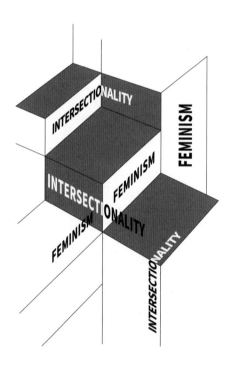

도서출판 여이연

여는 글

책을 기획하며 떠올린 것은 "우리 모두는 어떤 식으로든 고통을 받지만 모두가 억압을 받는 것은 아니며 억압의 정도가 균등하지 않다"는 벨 훅스의 말이었습니다. 한국의 많은 여성들은 성차별적 언행과 성별위계적 일터의 관행, 매일 같이 보도되는 데이트폭력, 불법촬영, 여성을 향한 폭력과 여성들의 분노에 응답하지 않는 사법정의에 의해 고통받고 있습니다. 그러나 우리가 겪는 억압은 모든 면에서 완전히 같지는 않으며 우리가 느끼는 고통 또한 서로 다를 것입니다. 이는 여성으로서 우리의 요구도, 정치화를 위한 전략도, 해방의 비전도 각기 다를 것임을 암시합니다.

여성으로서 겪어 온 우리의 경험을 분명하게 인식하고 언어화하는 일은 중요한 변화의 첫걸음이자 페미니즘의 귀중한 자원입니다. 한때 페미니즘 운동이란 각자가 상처 입은 자리에서 시작하는 것인지도 모르겠다고 생각한 적도 있었습니다. 그럼에도 경험을 넘어서는 페미니즘 이론 고유의 역할은 중요합니다. 샬롯 번치는 이론이란 그저 사실들의 집합체거나 개인적 의견을 모아 놓은 것이 아니라 유용한 지식과 경험에 기반한 설명과 가설을 포함하는 것이어야 한다고 말합니다. 이론은 우리의 경험과 관점에서 시작되어야 하고, 그러한 '대안적 지식'에서 나온 이론은 다시 우리의 경험을 어떻게 해석하고 바라보아야 할

지에 대한 통찰력과 언어를 제공해줄 수 있습니다.

　이 책에서 소개하는 '교차성 페미니즘'은 미국 주류 사회에서 배제되고 소외되어왔던 흑인여성의 경험을 언어화하는 것에서 시작해 대안적인 지식체계이자 인식론으로 성장해왔습니다. 교차성 이론은 인종뿐 아니라 젠더, 계급, 섹슈얼리티, 민족, 이주상태, 장애여부, 시민적 권리와 같은 차이와 억압의 축이 맞물려 권력과 지배가 작동하는 방식과 구조를 다룹니다.

　여기 교차성 페미니즘에 대한 서로 다른 이야기를 건네기 위해 네 명의 저자가 모였습니다. 한우리는 1960년대 후반 미국 유색인 여성들의 이야기를 더듬어가며 이들을 재위치화, 재역사화할 때 그들 경험이 갖는 다른 의미가 포착되고, 기존과는 다른 대안적 관점과 지식이 생성됨을 설명합니다. 1968년에 있었던 인공임신중절 합법화 논의와 강제불임수술 근절논의, 가사노동과 공사영역 분리, 여성을 향한 폭력 등의 페미니즘 의제를 특정 시대와 공간에 얽힌 인종, 젠더, 계급의 문제와 함께 고려할 때 '여성'의 문제란 '남성'과의 관계뿐 아니라 특정 '인종' 및 '계급'이라는 권력관계 내에서 구성되는 관계적(related)인 것임을 이해할 수 있습니다.

　김보명은 교차성이 여성들 내부의 차이를 드러냄으로써 누가 더 억압되었는지를 밝힌다든지 혹은 단순히 여성들의 '다양성'을 강조함으로써 차이의 정치학을 중립화하는 데 그 목적이나 의미를 두지 않는다는 점을 강조합니다. 교차성은 억압의 복잡성(complexity)과 그 안에서 행위자로서의 여성들이 만들어내는 저항의 역동성을 그려내는 데 유용한 분석의 관점을 제공하며, 이를 통해 페미니스트 분석의 범주로서의 '젠더'와 페미니스트 실천의 주체로서의 '여성'을 지속적으로 문제화하고 역사화한다는 것입니다. 이때 '여성'은 고정불변의 범주가 아니라 구체적인 역사적, 문화적 맥락 속에서 살아내고 실천하는 정치적 정체성이자 저항의 위치성이 됩니다. 마찬가지로 페미니스트 저항은 초역사적, 초문화적 억압의 기제로서의 가부장제에 대항하는 '여성'들의 반복적 투쟁이라기보다는 지금 이곳에서 누군가가 구체적으로 경험하는 억압과 차별을 그 경제적, 문화적, 역사적 관계망 속에서 분석하고 그려내고 싸우는 작업이라고 소개합니다.

나영은 페미니스트들이 처음으로 제기했던 "'여성'이란 무엇인가"에 대한 질문에서 시작하여 페미니즘과 교차성 이론, 퀴어 이론, 적녹보라 패러다임이 나오기까지의 문제의식과 관점의 변화를 짚어봅니다. 글의 흐름을 따라 논점을 짚어가다 보면 각각의 이론이 서로 별개의 것이거나 배타적인 이론이 아니고 서로 문제의식을 진전시키고 확장해 온 과정에서 형성된 것임을 확인하게 됩니다. 우리가 살고 있는 세계를 분석하고, 은폐되거나 드러나지 못했던 문제와 주체들을 드러내며, 다른 세계를 향한 행동의 방향을 만들어가는 과정에서 서로에게 힘이 되고 용기가 될 수 있는 새로운 가능성을 찾아볼 수 있을 것입니다.

황주영은 여성에 대한 폭력, 억압, 착취, 지배가 동물에 대한 지배 구조와 유사하며 가부장제와 인간중심주의, 자본주의, 이성애중심주의, 식민주의 등이 힘을 발휘하기 위해 서로를 필요로 하며, 상호작용하면서 강화됨을 강조합니다. 이 글은 섹슈얼리티와 재생산의 영역에서 여성과 동물에 대한 통제 방식의 유사성을 밝히고, 이 유사성을 구성하는 논리 구조와 관념, 경제 체계에 대한 에코페미니스트들의 분석을 소개합니다. 이를 통해 교차성이 여성의 경험을 더 성확하고 구체적으로 설명하는 방법이며, 새로운 사회를 구상하는 정치학으로서 페미니즘이 여성처럼 타자화된 이들과 연대하는 방법임을 보여주고 있습니다.

이 글들은 모두 2018년 겨울, 여성문화이론연구소에서 진행된 강좌의 내용을 다듬어 옮긴 것입니다. 한우리, 김보명, 나영, 황주영은 서로의 수업에 참여하고 미완성의 글들을 돌려 읽으며 서로에게서 많은 것을 배웠습니다. 또한 이야기를 들어주고 질문을 던져주신 수강생들로부터 많은 것을 배울 수 있었습니다. 이 과정은 패트리샤 힐 콜린스의 말처럼 "자신의 목소리를 내는 행위는 청자를 필요로 하며, 그러므로 관계를 형성하기 마련"임을 일깨워주었습니다. 다시금 그 모든 우정어린 대화에 감사드립니다.

2018년 7월, 필자들을 대신하여
한우리

1

교차로에 선 여자들, 1968년, 미국

한우리

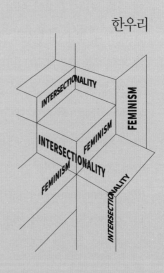

2016년 겨울, 어디선가 저는 "메갈리안은 한국적 맥락에서 태어나 자생적으로 성장한 래디컬 페미니스트"라고 이야기한 적 있습니다. 아마도 제 번역서 『페미니즘 선언』을 설명하는 자리였던 것 같아요. 그 책을 통해 1960년대와 70년대 미국의 급진 페미니즘을 소개했던 것은 재기발랄하면서도 통쾌한 유머로 무장한 한국의 영영 페미니스트들에게 지지와 연대를 표하려 한 제 나름의 시도였는데요. 어느 순간부터 인터넷에서 '래디컬 페미 vs 쓰까 페미'라는 대립이 난무하더라고요. '쓰까'란 "페미니스트를 자처하면서도 여성인권보다는 남퀴어, 남장애인, 동물, 환경 등을 우선시하는 무리"[1]라고 하는데요. 모든 페미니즘 사상과 운동에는 교차성이 내재한다고 믿었던 저에게 이러한 왜곡된 정의는 놀랍고도 충격적이었습니다. 그러면서 페미니즘 이론과 역사에 관해 보다 더 많이 이야기되어야 할 필요성에 관해 생각하게 되었습니다. 그것이 제가 여이연에서 이번 강의를 기획하고 여러 선생님들을 모셔오게 된 이유입니다.

첫 번째 시간인 오늘은 미국 페미니즘의 역사적 사례를 통해 교차성을 이야기하고자 합니다. 영문학 전공자로서 저는 미국의 역사와 문화에 관심이 많은데요. 미국의 사례를 살펴보는 것은 교차성(intersectionality) 이론의 생성과 발전과정에서 미국의 흑인 페미니즘(Black Feminism)과 다인종적(multiracial)·다문화적(multicultural) 페미니즘이 커다란 영향을 끼쳤기 때문이기도 합니다. 많은 사람들은 '교

---

1 워마드 위키(http://ko.womad.wikidok.net/wp-d/596f409cd8e56cab759f0092/View)

차성' 개념이 법학자 킴벌리 크렌쇼(Kimberlé Crenshaw)가 1989년과 1991년에 발표한 두 편의 논문에서 비롯된 것으로 이해합니다. 그러면서 교차성을 '제3불결 페미니즘'의 일부이자 최근 유행 중인 이론으로 여깁니다. 그러나 페미니즘 역사에서 젠더, 인종, 계급 등을 복합적으로 고려하는 '교차적 사고'(intersectionality-like thought)는 아주 오래 전부터 있어왔습니다. 교차성 이론가들은 예를 들어 19세기 노예해방운동에 헌신한 흑인여성들의 말과 글에서 또는 1960-70년대 유색인 여성 해방운동에서 교차적 사고의 사례를 발견합니다.[2] 오늘 이 자리에서는 1960년대 후반과 1970년대 미국 페미니즘의 역사적 맥락에서 교차적 사고의 전개를 살펴보겠습니다.

1968년, 6명의 흑인여성들

혹시 여러분은 언제 최초로 한국에서 여성학 강의가 열렸는지 아시나요? 기록에 따르면 이화여대에서 열린 1977년의 강의가 최초라고 합니다. 그렇다면 미국의 경우는 언제일까요? 1968년이라고 하네요. 그러면 1968년 미국에선 어떤 일들이 벌어졌던 걸까요. 마틴 루터 킹 목사와 케네디 대통령의 암살을 떠올리는 분이 계실 텐데요. 이 해는 페미니스트들이 여성의 몸을 옥죄는 브래지어, 하이힐, 마스카라를 쓰

---

2 Collins, Patricia Hill, and Sirma, Bilge, *Intersectionality*, John Wiley & Sons, 2016; Hancock, Ange-Marie. *Intersectionality: An intellectual history*, Oxford University Press, 2016; Thompson, Becky, "Multiracial feminism: Recasting the chronology of second wave feminism", *Feminist Studies*, 28.2, 2002, pp. 337-360; Brah, Avtar, and Ann Phoenix, "Ain't I A woman? Revisiting Intersectionality", *Journal of International Women's Studies*, 5.3, 2013, pp. 75-86 등 참조.

레기통에 던져 넣으며 여성의 몸과 성을 상품화하는 미스 아메리카 대회에 반대하는 시위를 벌인 해입니다. 여성평등실천연맹(The Women's Equity Action League)이 설립되고, 37개 주와 캐나다에서 온 110여 명의 여성들이 처음으로 전국여성해방회의를 연 해이기도 하고요. 그럼에도 불구하고 여전히 같은 해에 최초로 여성학 강의가 열렸다는 점은 놀라운데요. 왜냐하면 1968년은 여성해방의 비전과 이론을 담은 슐라미스 파이어스톤(Shulamith Firestone)의 『성의 변증법』(*The Dialetic of Sex*)이나 케이트 밀렛(Kate Millet)의 『성 정치학』(*Sexual Politics*)이 출간되기 한참 전 인데다가[3] 페미니스트의 구호로도 잘 알려진 「개인적인 것이 정치적인 것이다」("The Personal is the Political"), 「레드스타킹 선언문」("The Redstockings Manifesto") 등 당시로서도 중요한 문건이 아직 발표되지 않은 시기였기 때문입니다.[4]

그럼에도 68년에 처음으로 여성학 강의가 열렸다는 사실은 지금 우리가 여성학이라 부르는 이론과 학문이 당시의 여성해방운동(Women's Liberation Movement)과 거의 동시적으로 발생하였음을 말해줍니다. 이것은 여성들이 거리와 광장에서 외쳤던 구호, 슬로건, 발언이 즉각적으로 강의실로 흡수되었다는 것을 의미하기도 합니다. 그렇다면 우리는 어떠한 발언과 구호가 강의실로 옮겨졌는지 또는 옮겨질

---

3 슐라미스 파이어스톤과 케이트 밀렛의 책은 각각 2년 뒤인 1970년에 출간되었다.

4 두 글은 각각 1969년에 발표되었다. 초기 의식고양(consciousness-raising) 모임과 페미니즘 활동에 관한 캐롤 해니시(Carol Hanisch)의 글 「개인적인 것이 정치적인 것이다」와 급진적 페미니스트 단체 〈레드스타킹〉의 창립선언문인 「레드스타킹 선언」의 번역문은 『페미니즘 선언』(한우리 기획·번역, 현실문화, 2016)참조.

수 있었는지에 관해 생각해볼 필요가 있습니다. 당시 활동했던 페미니스트들은 당시 강의실로 들어오지 못한 다른 많은 활동가가 있었음을 회고합니다.[5] 다양한 민족과 인종의 여성들, 노동계급 출신이거나 성적 지향이 다른 수많은 여성들이 활발히 활동했지만, 이들은 학위가 없다는 이유로, 글을 쓰지 않았다는 이유로, 또는 글을 썼지만 출판되지 않았다는 이유로 역사서술에서 빠지거나 생략되기도 했다는 것인데요.

예를 들어 같은 해 뉴욕 주에서 발행된 다음의 글 두 편은 우리가 알고 있는 (백인여성 위주의) 페미니즘의 역사와는 다른 이야기를 들려줍니다. 아래는 흑인민권운동에 매진한 '흑인연합당'(Black Unity Party)이 발표한 성명서와 그에 대한 흑인여성들의 응답입니다.

피임약과 흑인 어린이들

형제들은 자매들에게 피임약을 복용하지 말라고 호소한다. 그 약은 미국과 세계 곳곳의 흑인들을 말살하려는 체제의 산물이기 때문이다. 피임약을 복용하는 것은 우리 흑인종의 말살에 기여하는 것이다.

피임약을 복용하지 않음으로써 우리는 새로운 가치를 갖는다. 아이를 낳는 일은 우리의 민족국가를 건설하는 혁명에 기여한다. 우리의 아이들은 반드시 우리의 역사에 자긍심을 가질 것이고, 우리의 유산과 아름다움에 자랑스러워 할 것이다. 우리의 아이들은 우리처럼 세뇌되지 않을 것이다.

---

5 벨 훅스, 『모두를 위한 페미니즘』, 이경아 옮김, 문학동네, 2017, 40쪽.

1. 교차로에 선 여자들, 1968년, 미국

출산은 아름다운 것이다. 만약 우리가 투신하는 혁명의 가치체계에 책임감이 포함된다면 더욱 그렇다. 백인 우월주의자 대다수는 세계의 (비백인) 존재를 말살시키려하고 있고, 특히 미국의 흑인을 겨냥하고 있다. 인종통제라는 새로운 유행은 흑인종 말살의 기획자들로 하여금 흑인남성의 불임화 정책이야말로 미국 내부의 문제들을 치유한다고 믿게 만든다.

"빈곤 완화" 캠페인을 앞세워, 미국의 백인 우월주의자 패거리는 모든 흑인 가정에 엄격한 산아제한 정책을 펼치기 위해 갖은 애를 쓰고 있다. 백인들은 그러한 강요를 받지 않는다. 픽스킬, 할렘, 미시시피와 알리바마를 비롯해 몇몇 도시의 사회복지국은 복지수당을 받는 흑인여성들마다 불임수술을 받으라고 강요하는 데 최선을 다하고 있다. 미래의 흑인세대를 겨냥한 이 위장 공격은 완강한 종족학살 기술자들 사이에서 급격하게 인기를 끌고 있다. 이 나라는 폭탄 또는 알약으로 사람을 절멸하려 든다. 그러므로 우리는 반드시 우리의 힘을 모아야 한다.

당신은 왜 픽스킬의 흑인동네에만 가족계획사무소가 있는지 그 이유를 알 수 있을 것이다.
(흑인연합당의 성명서 전문, Peekskill, NY, 1968)

피임에 대한 지식을 갖고 자율적으로 피임을 실천하며, 임신을 중단할 선택권을 갖는 것은 여성 자신의 몸에 대한 자율권으로 오랫동안 국가와 교회, 전통적인 보수주의자들을 상대로 싸워왔던 여성운동가들의 주요한 의제였습니다. 아직도 임신중단을 원하는 여성은 위험하고 값비싼 불법 낙태를 선택할 수밖에 없는 한국에서는 특히 여성의 인권과 임신중단권은 따로 떼어 생각하기 어렵습니다. 과거 미국도 마찬가지였습니다. 낙태가 불법이던 시절, 여성들은 거리 곳곳에서 '낙태 공개발언'(Abortion Speakout)을 열었습니다. 1969년에 열린 첫 번째 공개발언에서는 수치스럽고 숨겨야하는 수술을 받기 위해 물어물어 찾아간 경험과 불결한 낙태시술소의 위생관리, 수술 후 나빠진 건강에 대한 증언이 쏟아져 나왔습니다. 이들의 증언은 1973년 미 연방대법원으로 하여금 임신중단의 권리를 헌법에 기초한 사생활의 권리에 포함시킨 로 대 웨이드(Roe v. Wade)[6] 판결을 이끌어내는 원동력이 됩니다. 그러나 임신중단권을 요구하는 목소리가 전국에서 들끓었을 때, 미국의 소수민족 유색인 여성들은 백인여성과는 조금은 다른 목소리를 내고 있었습니다.

위의 글에서 흑인연합당이 주장하듯 당시 미국 정부는 공공연하게 유색인들에게 보다 더 엄격한 출산통제 정책을 펼치고 있었습니다. 실제로 불임수술도 선별적으로 이뤄졌습니다. 역사학자들은 미국의 우생학적 인종차별의 사례로 흑인과 유색인 이민자, 가난한 여성, 장애인을 '인구의 불필요한 집단'으로 꼬리표 달아 '강제적 불임수술'(compulsory sterilization)을 시행했던 것을 들고 있습니다. 예를 들어 1973년 앨라배마 주 몽고메리에 살고 있던 두 명의 흑인소녀가 불임수술의 희생자가 된 사건은 사회적으로도 커다란 파장을 일으켰습니다. 당시 수술 받은 소녀들은 열두 살이었던 미니 리(Minnie Lee)와 열네 살이었던 메리 앨리스(Mary Alice)였는데요. 이들의 어머니는 글을 읽

---

6 이 법안은 여성이 임신 24주까지 임신중절을 선택할 헌법상의 권리를 가진다고 판결하였다. 또한 낙태를 처벌했던 기존의 법안이 미국 헌법에서 보장하는 사생활의 권리를 침해하는 위헌이라고 지적했다.

을 줄 몰랐고 복지수당을 받기 위해선 사회복지사의 말에 전적으로 따를 수밖에 없었습니다. 어느 날 복지사가 내민 서류에 서명한 것으로 그녀의 두 딸은 평생 아이를 가질 수 없게 되었습니다. 이 사건 이후로 복지수당을 주지 않겠다는 위협 때문에 불임수술을 받았다는 여성이 주 정부를 상대로 소송을 거는 등 관련 사례가 쏟아져 나왔습니다.[7] 이러한 상황에서 유색인 여성들에게는 합법적인 낙태시술만큼이나 강제적인 불임수술을 거부하고 아이를 낳을 권리를 주장하는 일 또한 매우 중요했습니다.

흑인연합당은 이러한 인종통제와 차별에 맞서려면 흑인들이 힘을 모아야 한다고 주장합니다. 이들에 의하면 흑인 아이를 낳는 일은 "민족국가를 건설하는 혁명에 기여하는 길"이며 피임약을 복용하는 일은 흑인종의 말살에 기여하는 것이 됩니다. 그러나 이들에게 응답하는 흑인여성들의 말을 들어보면 이야기해야 할 것은 그것만이 아니라는 것이 드러납니다.

---

7 미국 정부가 인구 통제정책에서 인종차별적이었음을 부인하기 어렵다. 일례로 1933년 한 해에만 약 7,686건의 불임수술이 노스캐롤라이나의 유전학 위원회의 후원을 받아 시행되었다. 유전학 위원회는 해당 수술이 "정신적으로 결함이 있는 사람들"의 출산을 막기 위해 시행된 것이라고 주장하였으나 수술 대상자 가운데 5,000명 가량이 흑인이었으며, 토착미국인(native American)을 포함한 소수민족 유색인이 대다수였다(Davis, Angela Y., *Women, Race & Class*, Vintage, 2011, pp. 202-219).

응답 (흑인자매들로부터, 1968. 9.11)

형제들에게

가난한 흑인 자매들은 아기를 가질 것인지 말 것인지를 스스로 정할 것이다. 만약 우리가 피임약을 먹거나 다른 방식으로 임신을 피하려 한다면, 그것은 가난한 흑인 남성들 때문이다.

왜 그런지 말해주겠다. 가난한 흑인 남성들은 그들의 가정을 부양하지도, 아내 곁에 머물지도 않는다. 그들이 생각하는 거라곤 거리를 싸돌아다니는 것, 사기치고 술 마시는 것, 여자들의 뒤꽁무니나 쫓아다니는 것, 자동차뿐이다. 그게 전부다. 그동안 불쌍한 흑인 여자들은 바보가 되어 집에 들어앉아 수많은 아이들에 둘러싸여 결국은 미쳐버리고, 아프고, 마음 상하고, 갈 곳이 없고, 애정도 받지 못한다. 아무것도 없다. 중산층 백인 남성들도 언제나 그들의 부인에게 같은 일을 하지만, 그들은 좀 더 세련된 방식으로 한다.

그러니 백인들이 피임약을 나눠주고 가련한 흑인 자매들이 피임 정보를 퍼트릴 때, 우리는 더 이상 남자에게 속아 넘어가지 않는 것이 얼마나 쉬운지를 보게 된다(정치적으로 말하자면, 남자들은 더 이상 우리를 성적으로 착취하거나 돈을 위해 착취하지 못할 것이고 키워야할 아이들을 남겨두고 우리 곁을 떠나지 못할 것이다). 이것은 우리가 깨어나는 첫걸음이다!

흑인여성들은 언제나 흑인남성들에게 다음과 같은 말을 들어왔다. 우리는 까맣고, 못생겼고, 사악하고, 걸레고, 싸구려라고. 다른 말로 하자면, 우리 야말로 이 사회의 진정한 검둥이라고 말이다. 백인에 의해, 백인 남성과 백인 여성에 의해 억압받고 흑인 남성에 의해서도 억압받는 우리들.

이제 많은 흑인 형제들은 새로운 애기를 하고 있다. 흑인여성들은 이제 전투적인 흑인 형제들로부터 이건 흑인을 말살하려는 백인의 계략이니 피임약을 먹지 말라는 요청을 받고 있다. 그게 사실일지도 모른다. 하지만 인종 말살은 전적으로 백인남성의 손에 달린 문제가 아니다. 흑인여성들은 전 세계의 가난한 사람들이 하듯이 인종말살에 굴복할지 말지를 우리 스스로 결정할 것이다. 우리에게 있어 산아조절은 흑인여성과 아이들을 말살하려는 시도에 맞서 싸울 수 있는 자유를 준다.

종족말살에 맞서 싸우기로 결정한 베트남인들처럼, 남부의 가난한 미국인들도 맞서 싸우기 시작했다. 가난한 아프리카인들도 맞서 싸울 것이다. 미국의 가난한 흑인여성들도 우리 고유의 억압받은 경험으로부터 맞서 싸울 것이다. 수많은 아이를 낳는 일은 우리 아이들을 제대로 건사하고, 진실을 가르치고, 당신네가 말하는 것처럼 세뇌당하지 못하게 막는 일, 그리고 여전히 우리를 이용하고 착취하려 드는 흑인남성들과 싸우는 일을 하지 못하게 막는다.

하지만 우리는 당신들이 우리를 이해할 것이라 생각지 않는다. 당신네들은 중산층 무리이고 우리는 가난한 흑인여성들이기 때문이다. 중산층은 결코 가난한 이를 이해하지 못한다. 그들은 언제나 자신의 권력을 위해 가난한 이들을 필요로 하고 가난한 흑인여성의 아이들을 이용하려 들기 때문이다. 당신은 당신들이 말하는 흑인의 힘(black power)으로 흑인공동체를 운영하여라. 당신 자신이 꼭대기에 올라서 있는 운동에서!

서명:
(뉴욕 주, 마운트 버넌)
패트리샤 할덴 – 복지금 수령인
수 루돌프 – 가정주부
조이스 호트 – 가정부이자 상담가
리타 반 류 – 복지금 수령인
캐트린 호트 – 할머니
패트리샤 로빈슨 – 가정주부[8]

---

8 원문은 https://library.duke.edu/digitalcollections/wlmpc_wlmms01008 참조(번역은 인용자의 것이다).

이 응답은 강력하고도 간결하게 흑인여성의 목소리를 전달합니다. "아기를 가질 것인지 말 것인지를 스스로 정할 것"이라고요. 흑인여성들은 흑인민족의 중흥을 위해 피임약 복용을 멈추고 아이를 낳자고 말하는 흑인남성들에게 그들의 책임을 되묻습니다. 정작 자신들은 관망만 하고 있는 남성들을 공론장에 끌어다 앉히는 것이지요.

물론 흑인여성들 또한 인종통제와 강제적 불임수술에 맞서야 한다는 주장에 동의합니다. 그러나 이를 위해 피임의 권리와 안전하게 낙태시술을 받을 권리를 포기하려 하지 않았습니다. 이들은 산아조절의 권리가 흑인을 "말살하려는 시도에 맞서 싸울 수 있는 자유를 준다"고 말합니다. 자녀의 수와 터울을 조절하고 출산 시기를 자유롭고 책임감 있게 결정할 수 있는 여성은 보다 더 독립적으로 인종통제와 억압에 맞서 싸울 수 있을 것입니다. 저항을 위해 무턱대고 많은 수의 아이를 낳는 일은 "아이들을 제대로 건사하고, 진실을 가르치는" 일을 어렵게 하고 양육과 생활고에 치여 정치적 투쟁을 가로막을 것임을 이 여성들은 잘 알고 있었습니다. 이들의 투쟁은 단순하게 인종정치만을 고려하는 데서 멈추지 않습니다. "여전히 우리를 이용하고 착취하려드는 흑인남성들과 싸우는 일"이 남아있기 때문입니다.

여성들은 자신의 일상을 가감 없이 밝힙니다. 남편이 가정을 부양하기는커녕 길거리를 쏘다니며 술 마시고 사고치고 다닐 동안 아내는 "수많은 아이들에 둘러싸여 결국은 미쳐버리고, 아프고, 마음 상하고, 갈 곳이 없고, 애정도 받지 못한다"고요. 흑인남성과 흑인여성이 맺는 건강하지 못한 관계를 솔직하게 털어놓음으로써 이들은 '인종'만이 아니라 '인종'과 '젠더'가 교차되는 지점을 드러냅니다. 뿐만 아니라 '계급'이 교차되는 지점도 드러내는데요. 흑인연합당이 상징적으로 중산층 지식인 남성의 목소리로 인종억압에 반대할 때 이들의 운동에서 배제된 가난한 흑인여성들은 자신의 경험에서 우러나온 관점에서 저항과 삶을 말하기 때문입니다. "미국의 가난한 흑인여성들도 우리 고유의 억압받은 경험으로부터 맞서 싸울 것"이라는 문장은 명확하게 이들의 '정체성 정치'(identity politics)를 표현합니다.

글의 말미에 적힌 서명은 이들이 전업주부이자 할머니이며, 복지금을 수령하는 가난한 여성들임을 일러줍니다. 이들은 전문직도 아니고 이름난 학자도 아닙니다. 그럼에도 불구하고 이들은 흑인여성 지식인들이 모였던 컴바히강 공동체(Combahee River Collective)가 그랬던 것처럼 성정치와 인종정치, 계급정치의 동시적 작동에 관해 명확하게 인식하고 있습니다. "남자들은 더 이상 우리를 성적으로 착취하거나 돈을 위해 착취하지 못할 것이고 키워야할 아이들을 남겨두고 우리 곁을 떠나지 못할 것"이라는 말은 피임과 출산을 여성의 자기결정권의 문제이자 성정치의 문제로 제기하는 것이고, 흑인연합당을 두고 "당신 자신이 꼭대기에 올라서 있는 운동"을 운영하는 "중산층 무리들"이라고 지적한 것은 인종 내의 계급정치에 관해서도 지적하는 날카로움을 보여줍니다.

다시 한 번 이 글이 발표된 것이 1968년인 것에 주목해봅시다. 말씀 드린 대로 68년은 미국의 대학에서 여성학 강의가 최초로 이루어진 해이기도 합니다. 그런데 흑인여성들의 목소리가 학계의 주목을 받기 시작한 것은 1980년대에 들어섰을 때입니다. 그렇기에 우리는 이들이 제기한 문제들을 제3물결 페미니즘으로 이해합니다. 페미니즘의 역사를 백인여성 중심으로만 이해해서는 안 되는 이유이기도 하지요. 1968년, 뉴욕에 살고 있던 6명의 흑인여성들은 '교차성'이라는 단어가 생기기 전부터 인종과 계급, 젠더가 교차하는 교차로에 서서 자신들의 억압을 증언하고 있었습니다.

교차성 이론의 형성과정과 역사

미국 페미니즘의 역사는 많은 경우 백인여성이 주축이 되어 활동한 여성해방운동의 성과와 변화를 뒤쫓습니다. 그러나 1960년대 후반 미국사회는 인종적 · 민족적으로 분할된 채 여성해방운동 외에도 민권운동(The Civil Right Movement), 블랙파워(Black Power Movement), 치카노 해방운동(Chicano Liberation Movement),[9] 레드파워(Red Power Movement),[10] 아시안 아메리칸 운동(Asian-American Movement)이 폭발적으로 터져 나오고 있었습니다. 이 시기에 백인여성이 아닌 흑인여성, 치카나, 아시안 아메리칸 여성, 토착 미국인 여성들은 자신들이 설 자리를 고민하였습니다. 인종차별에 반대하는 민족주의적 사회운동,

---

9 흑인민권운동에 영향을 받은 1세대 또는 2세대 멕시코계 미국인들은 민족적 · 정치적 의식을 갖고 스스로를 '치카노'(Chicano)로 정체화하고 '치카노 해방 운동'을 전개하였다. 치카노는 남성을, 치카나(Chicana)는 여성을 지칭한다.

10 아메리칸 인디언(American Indian)이라 불렸던 토착 미국인(Native American)의 권리향상을 위해 싸우던 이들은 흑인들의 '블랙파워'에 빗대어 그들의 운동을 '레드파워'운동이라 불렀다.

노동자의 권익향상을 위한 남성중심의 노조활동, 백인여성 중심의 여성해방운동 사이 어느 곳에서도 편안함과 소속감을 느끼기 어려웠기 때문입니다. 따라서 유색인 여성들은 단순히 인종만 생각하거나 계급만, 젠더만, 섹슈얼리티만 생각하는 프레임으로는 자신들이 직면한 억압을 해결할 수 없다는 것을 이해하게 되었습니다. 이론적 맹점 또는 운동의 틈새에 빠졌음을 깨달은 이들은 백인여성이나 같은 인종의 남성과는 다른 방식으로 활동하면서 담론생산에 전념했습니다. 따라서 교차성 이론가들은 이때를 두고 교차성의 핵심개념들이 정교화되는 중요한 시기였다고 평가합니다.[11]

이는 많은 유색인 여성학자들이 서로 다른 명칭을 사용하며 교차적 사고를 해온 것에서 잘 드러납니다. 예를 들어 흑인 여성학자인 패트리샤 힐 콜린스(Patricia Hill Collins)와 바바라 스미스(Barbara Smith)는 각각 유색인 여성을 사회의 주류와는 다른 관점으로 바라보는 "내부의 외부인"(outsiders within)으로 정의하고 "억압의 동시성"(the simultaneity of oppression)을 이야기했으며, 치카나 페미니스트 체리 모라가(Cherrie Moraga)와 글로리아 안잘두아(Gloria Anzaldúa)는 살갗에 새겨진 역사, 피부색과 몸으로 경험하는 세계를 숙고한 "육화된 이론"(theory in the flesh)을 제시했습니다. 인도계 여성학자 찬드라 탈파드 모한티(Chandra Talpade Mohanty)는 "제국주의적 페미니즘"을 비판했으며, 토착 미국인 여성시인이자 퀴어 활동가인 파울라 건 알렌(Paula

---

11 Collins, Patricia Hill, and Sirma Bilge, *op. cit.*, p. 56.

Gunn Allen)은 "백인 페미니즘의 붉은 뿌리들"을 지적했습니다.[12]

흑인 여성작가 토니 케이드 밤바라(Toni Cade Bambara)가 편집한 선집 『흑인여성』(*The Black Woman: An Anthology*, 1970)은 다양한 형식과 관점의 글을 통해 인종·계급·젠더의 억압에 주목하지 않는다면 흑인여성들은 결코 자유를 얻을 수 없을 것이라고 지적합니다. 이 선집에 실린 프랜시스 빌(Frances Beal)의 글 「이중 곤경: 흑인인 것과 여성인 것」("Double Jeopardy: To Be Black and Female")은 블랙파워 운동에 내재한 성차별과 백인 여성해방운동 내의 인종차별을 함께 비판합니다. 동시에 자본주의를 강력하게 비판하며 인종과 젠더의 이중적 억압은 자본주의로 인해 더욱 강화되고 있다고 주장합니다.[13]

1977년에 발표된 컴바히강 공동체의 「흑인 페미니스트 선언문」("A Black Feminist Statement") 또한 교차적 사고가 잘 드러나는 중요한 역사적 문서입니다. 보스턴을 기반으로 한 급진적 흑인 레즈비언 사회주의자 페미니스트들이 모여 설립한 컴바히강 공동체는 흑인여성으로서 그들이 겪어온 독특하고 고유한 역사인식을 통해 교차성을 사고했습니다.

> 미국 정치체제(즉, 백인 남성이 지배하는 체제)와 흑인여성이 맺어온 지극히 부정적인 관계는 인종과 성에 이중으로 억압받는 흑인여성의 정치적 신분을 결정해왔다. … 소저너 트루스(Sojourner Truth), 해리엇 터브먼(Harriet

---

12 Thompson, Becky, *op. cit.*, pp. 337-338.

13 Collins, Patricia Hill, and Sirma Bilge, *op. cit.*, p. 66.

Tubman), 프랜시스 하퍼(Frances E. W. Harper), 아이다 바넷(Ida B. Wells Barnett), 메리 처치 테럴(Mary Church Terrell)을 비롯해 알려지지 않은 수천 명 여성들까지 흑인여성 활동가는 늘 존재해왔다.(148)[14]

도랑을 건널 때 안아 모셔야 하는 백인여성과 달리 채찍질을 당하고 남성만큼 일하며 남성만큼 많이 먹을 수 있는 자신의 존재를 두고 "나는 여자가 아닙니까?"라고 질문했던 노예출신의 소저너 트루스, 도망 노예의 탈출을 돕던 '지하철도'의 차장이자 남북전쟁 당시 800여명의 노예를 구출한 군사작전의 공로자였던 해리엇 터브먼, 흑인여성문인이자 사상가이며, 노예제 폐지와 여성 참정권을 적극적으로 주장했던 프랜시스 하퍼와 아이다 바넷, 메리 처치 테럴 등 역사 속에서 잊혀진 흑인여성 지식인들을 기록하고 호출하는 일은 이들에게 중요한 교차적 사고의 기반이 되어줍니다. 이를 통해 컴바히강 공동체는 정체성을 교차적 관점에서 사고하며, '정체성 정치'(identity politics)를 저항의 주요한 도구로 삼습니다.

우리가 겪는 억압에 초점을 맞춘 것이 정체성 정치라는 개념이다. 우리는 가장 심오하며 어쩌면 가장 급진적인 정치학은 바로 우리 정체성에서 나온다고 믿는다. 다른 누군가가 받는 억압을 없애려 할 때 나오는 것이 아니다.(153)

다른 누군가가 받는 억압을 대신 없애려 하는 것이 아니라 우리 자

14　이하 번역된 「흑인 페미니스트 선언문」은 『페미니즘 선언』(한우리 기획·번역, 현실문화, 2016) 인용으로 쪽수만 표기하였다.

신이 겪는 억압에 초점을 맞출 때 '우리'가 처한 '구조적 위치'를 정치화
할 수 있습니다. 컴바히강 공동체의 일원이자 뛰어난 문학비평가인 바
바라 스미스의 다음과 같은 회상은 당시의 모임이 얼마나 중요한 정치
적 의미를 담고 있었는지 일러줍니다.

> 컴바히강 공동체는 정말로 멋진 곳이었다. 이곳에서 나는 처음으로 내가 가
> 진 모든 모습 그대로 한 장소에서 머무를 수 있었다. 나는 보수적인 흑인 정
> 치의 맥락에서 받아들여지기 위해 나의 페미니즘을 문밖에 두고 올 필요
> 가 없었다. 인종이나 레즈비언에 대해서 알고 싶어 하지 않는 백인 여성들
> 로 가득한 집단에 속했을 때처럼, 나의 레즈비어니즘을 버려두거나 나의 인
> 종 또한 두고 올 필요가 없었다. 정말로, 우리의 모습 그대로, 우리의 존재
> 그대로 받아들여질 수 있다는 것은 놀랍고 멋진 일이었다. 1970년대 초반에
> 흑인 레즈비언 페미니스트 되기는 커다란 용기를 필요로 했다. 정말로 겁나
> 는 일이었기 때문이다. 나는 내가 커밍아웃할 수 있을지 오랫동안 고민해왔
> 다. 흑인이자 페미니스트이면서 레즈비언으로서 살아갈 수 있는 방법을 찾
> 지 못했었기 때문이다. 나를 페미니스트로 소개하는 것에는 별 다른 고민이
> 없었다. 내가 걱정했던 건 흑인여성이면서 레즈비언일 수 있을지에 대해서
> 였다. 우리가 속할 곳이 없었기 때문이다. 그때 컴바히강 공동체가, 우리가
> 우리로서 존재할 수 있고 가치 있게 여겨질 장소가 생겼다. 호모포비아가
> 없는 곳, 인종차별주의도 없고, 성차별도 없는 곳이.[15]

스미스의 회상처럼, 흑인여성이면서 페미니스트이자 레즈비언으로
서 스스로를 명명할 수 있고, 존재 그대로 가치 있다고 여겨질 수 있는

15 Collins, Patricia Hill, and Sirma Bilge, *op. cit.*, pp. 68-69.

공간으로서 컴바히강 공동체는 개개인에게 힘과 영감을 불어넣는 장소였습니다. 이처럼 교차성을 사고하는 정체성 정치는 개개인의 서로 다른 삶과 경험의 다층적인 맥락을 언어화하고 정치화하는 주요한 수단으로서 "가장 심오하면서도 급진적인 정치학"이 됩니다.

> 우리는 가부장제 아래에서의 성정치가 계급정치와 인종정치만큼이나 흑인여성의 삶에 널리 퍼져 있다고 믿는다. 우리는 또한 성적억압에서 인종억압과 계급억압을 떼어내기 어렵다는 것을 알았다. 이 모든 억압은 우리 삶 속에 동시에 들이닥치기 때문이다. 우리는 단지 인종으로만 차별하거나 성별로만 차별하는 게 아니라 인종차별적이면서도 성차별적인 억압이 있다는 것, 백인남성에 의한 흑인여성 강간이 정치적 억압의 무기로 활용되었던 역사가 있다는 것을 안다. [⋯] 우리는 흑인남성과 함께 인종차별에 맞선다. 동시에 우리는 성차별에 맞서 남성과 싸운다.(153-4)

자신들의 삶 속에 "동시에 들이닥치는" 억압을 숙고할 때 흑인여성들은 자신들이 "인종차별적이면서도 성차별적으로" 억압받고 있음을 깨닫게 되었고, "성적 억압에서 인종억압과 계급억압을 떼어내기 어렵다"는 것을 인식하였습니다. 흑인들을 무력하게 만들고 통제하기 위해 흑인여성의 섹슈얼리티를 착취했던 백인남성은 그 생생한 사례입니다.

이는 다시 경험의 한 측면을 마치 삶의 전체를 구성하는 것인 냥 특권화하는 것이 무익하다는 깨달음으로 나아갑니다. 그렇기에 컴바히강 공동체는 인종차별에 맞서기 위해 흑인남성과 함께 하면서도 성차별에 맞서 남성들과 싸우는 것을 택합니다. 즉, 남성을 배제하기를 거부합니다. "생물학적 남성성이 그들의 본질을 결정한다고 생각하는"

것은 잘못된 것이며 "흑인 여성으로서 우리는 생물학적 결정주의가 특정한 정치학을 위한 특수하고 위험하며 반동적인 기반이 될 수 있다는 것"을 잘 알고 있기 때문입니다. 또한 이들은 사회에 만연한 이성애 중심주의를 꼬집으면서도 "레즈비언 분리주의를 거부"합니다.(156)

가부장제 아래에서 '성정치'는 '계급정치'와 '인종정치'만큼이나 삶 속에 얽혀있기에 컴바히강 공동체는 "모든 억압받는 이가 해방되기 위해서는 가부장제뿐만 아니라 자본주의와 제국주의의 정치·경제 시스템이 파괴되어야 한다"는 주장으로 나아갑니다. 통합적 사고와 포괄적 분석이 빛나는 이들의 글은 '교차성'이라는 단어를 사용하지 않고도 '교차성'에 관한 탁월한 정의를 다음과 같이 우리에게 들려줍니다.

> 우리는 인종 억압, 성 억압, 이성애 중심주의, 계급 억압에 대항하는 투쟁에 적극적으로 참여하고 있으며, 주요한 억압체계가 맞물려 있다는 사실에 기반을 둔 채 통합적인 분석 및 실천의 계발을 과제로 삼고 있다. 여러 층위에서 동시에 작동하는 억압이 우리 삶의 조건을 결정한다. 흑인 여성으로서 우리는 모든 유색인 여성이 겪는 억압에 맞서 싸우는 논리적이고 정치적인 운동을 흑인 페미니즘이라고 생각한다.(147)

컴바히강 공동체가 해나가려는 싸움은 체계적이면서도 통합적입니다. 이 글은 "서로 맞물린"(interlocking), "다층의"(manifold), "동시발생적"(simultaneous), "종합의"(synthesis)와 같은 용어를 사용함으로써 불평등의 복잡한 사회구조를 형성하는 억압의 구조와 작동을 분석하려 합니다. 다시말해, 유색인 여성 개개인의 삶이 중층적인 억압 속에서 어떻게 구성되는지 파악하고, 그들 고유의 경험을 자원 삼아 억압에 맞서 나가는 것을 목표로 삼습니다. 이때 이들의 투쟁은 "인종 억압, 성 억압, 이성애 중심주의, 계급 억압에 대항하는 투쟁"이며 "가부장제뿐만 아니라 자본주의와 제국주의의 정치 경제 시스템"에 맞서는 싸움입니다. 이 글은 통합적인 분석적 도구로서 교차적 사고를 통해 이론과 정치적 행동 둘 다를 목표로 한 흑인 페미니즘의 중요한 성취입니다.

이제 보다 구체적으로 여성운동의 주요 의제인 재생산권과 가사노동, 여성을 향한 폭력의 문제를 교차적 사고를 통해 살펴보겠습니다. 앞서 임신중단권 쟁취와 흑인연합당의 사례에서 우리는 임신과 출산이 개인적인 문제이면서 동시에 중요한 국가적·공적 사안임을 이해할 수 있었습니다. 피임, 임신중단, 불임 등을 포괄하는 재생산권과 이에 수반하는 섹슈얼리티의 문제는 권력의 문제이자 정치적인 문제로 보다 더 다층적 시각이 필요한 의제이기도 합니다.

재생산권과 교차성

아프리카계 미국인과 함께 소수민족 유색인 여성들 또한 좀 더 포괄적인 재생산권을 고민해왔습니다. 역사학자 사라 에반스는 "대부분이 가톨릭 신자인 라틴 아메리카계 여성들이 낙태를 주요 문제로 삼는 사회 운동에 참여하기란 매우 어려운 일이었다"고 설명합니다.[16]

---

16 사라 에반스, 『자유를 위한 탄생 — 미국여성의 역사』, 조지형 옮김, 이화여자대학교 출판부, 1998, 449쪽.

보다 구체적으로 라틴계 여성학자 엘리자베스 마르티네스(Elizabeth Martinez)는 '재생산 선택권을 요구하는 라틴계 여성들'이라는 단체를 소개합니다. 이들은 "낙태에만 초점을 맞추는 것은 문제를 협소화하는 것"이라고 주장하며 "우리는 선택권을 재정의하고 있다"고 말합니다. 이 단체는 낙태권을 비롯해 피임, 출산, 성병에 관한 교육, 태아 검진과 산모 관리 등 전반적인 보건 의료 서비스에 여성들이 자유롭게 접근하고 정보를 얻을 수 있는 권리에 관해 이야기합니다. 여기에는 재생산 억압 형태인 불임수술 남용에서 벗어나는 것도 포함되어 있습니다. 그리고 저소득층 여성의 문제로 고려되지 않는 불임클리닉에 대한 접근권도 주장하고 있습니다. 이러한 주장들은 재생산 권리에 대한 라틴계 여성들의 시각이 "백인여성의 시각보다 더욱 급진적이며 일각에서 말하는 것처럼 '보수적'이지 않다"는 것을 의미합니다. "선택권에 대한 정의가 단순한 낙태권이나 임신방지를 넘어서 더욱 심대한 사회 변화를 요구하기 때문"입니다.[17]

이처럼 아프리카계 여성, 라틴계 여성이 겪는 억압은 단지 여성이라는 이유만으로 설명할 수 없으며, 그가 속한 인종, 민족, 계급, 성적 지향 등을 살펴야만 보다 더 명확하게 파악될 수 있습니다. 최근 한국 사회에서도 정부의 저출산 대책과 낙태죄 폐지를 둘러싸고 재생산권에 관한 중요한 논의들이 계속되고 있습니다. 재생산권의 문제가 한

---

17 Martinez, Elizabeth, "Listen up, Anglo sisters", *The Socialist Feminist Project: A Contemporary Reader in Theory and Politics*, Monthly Review Press, 2002, pp. 273-274(한국어판: 낸시 홈스트롬, 『페미니즘, 왼쪽 날개를 펴다』, 유강은 옮김, 메이데이, 2012).

사회에서 다음 세대를 재생산해 나가는 과정에 존재하는 차별과 불평 등, 사회 부정의에 관해 질문하는 것이라 할 때 교차적 사고는 그 동안 가려져 있던 한국 사회의 장애여성, 이주여성노동자들의 임신권과 가족 구성권에 대한 논의가 펼쳐지도록 돕습니다.

예를 들어 안산에 위치한 이주 노동자 미디어 운동 단체 '지구인의 정류장' 활동가 김이찬 씨는 우리에게 밀양에서 일하고 있는 한 이주여성노동자의 이야기를 들려줍니다. A씨는 매일 10시간씩 월 28일 허리 굽히고 깻잎을 따야했고, 매일 수십 박스의 할당량을 채우라는 재촉을 받으며 일을 하였습니다. 그러다 한국에 온지 3개월 만에 자신이 임신한 것을 알게 되었고, 이를 고용주에게 알리고 너무 심하게 다그치지 말아줄 것을 요청하였으나 돌아오는 말은 "니가 (일꾼인 주제에) 감히 임신을 해?"였습니다. 고용주는 "한국에 일하러 오면서 어떻게 임신을 하고 오냐? 내가 호구로 보이냐? 이런 불량품을 소개한 노동부에 따져야겠다"며 불평을 하고, 노동자에게는 "임신중절을 하지 않으면 고향에 보내겠다"고 협박합니다. 노동자는 하는 수 없이 사장이 알려준 병원을 찾아 임신중절 수술을 해야 했습니다. 한국은 '낙태'가 '범죄'인 사회이므로 '조용 조용히, 받은 임금을 모두 쏟아 부어' 수술비를 마련해야 했고요. 수술을 한 몸은 여전히 힘이 듭니다. 고용주는 "니가 나에게 피해를 입혔다. 돈을 내놓고 나가라"고 금품을 요구합니다. 김이찬 활동가는 묻습니다. "한국사회, 이주 여성노동자는 '임신'을 하면 '추방압력'을 받고, '낙태'를 하면 불법행

위자 낙인이 찍힌다. 어떻게 하란 말이냐?"라고요.[18]

우리는 여성들이 자유롭게 임신과 출산할 수 있는 권리, 그리고 합법적이고 안전한 낙태시술을 받을 권리를 함께 논의할 수 있어야 합니다. 이 모든 논의들은 결국 여성들이 원하는 방식으로 '가정을 꾸릴 권리'와 맞닿아 있습니다.

가정을 꾸릴 권리와 가사노동

'가정' 문제에 관해서라면, 우리는 자연스럽게 무기력한 가정주부의 이미지를 떠올리게 됩니다. 지루하고 반복적인 노동, 가사와 육아의 고됨, 가정은 주로 새장, 덫, 감옥으로 묘사되어왔습니다. 그 가운데 가장 잘 알려진 것은 아마도 베티 프리단의 『여성의 신비』일 것입니다. 그러나 벨 훅스는 질문합니다. "가정부, 베이비시터, 공장 노동자, 점원, 매춘부로라도 직업을 갖는 것이 유한계급의 가정주부가 되는 것보다 과연 더 만족스러운 삶인가?"라고요. 그리고 프리단이 그녀와 비슷한 처지의 놓인 백인여성이 가사노동에서 자유로워지고 직업시장에서 백인남성과 동등한 대접을 받는다면 과연 누가 아이들을 돌보고 가사노동을 담당할지에 관해서는 이야기하지 않았다고 지적합니다. 프리단은 남편이 없고 자녀가 없는 여성들, 가정을 꾸리지 못하는 여성들에 대해서는 아무 말도 하지 않았고, 그럼으로써 중산층이라는 자신

---

18 출처: 김이찬 페이스북 https://www.facebook.com/ichan.gim/posts/1605253859562302

의 계급과 특권적 인종인 흰 피부를 지우고 여성으로서만 이야기했다는 것입니다. 벨 훅스는 프리단이 『여성의 신비』를 썼을 당시 미국여성 중 3분의 1 이상이 직업을 가지고 있었다는 점을 지적합니다. "많은 여성들은 가정주부가 되고 싶었지만 한가한 시간과 경제력이 뒷받침되어야만 여성성이라는 신화적인 정체성, 수동적이고 남성과의 관계로만 살아가며 어린아이 같다고 여겨"질 수 있었다는 비판은 꽤나 날카롭습니다.[19]

수전 팔루디 또한 비슷한 지적을 하고 있습니다. '집에 틀어박힌 1950년대 여성'이라는 유명한 이미지는 당시 여성들의 실제 환경과는 차이가 있다는 것인데요. 이들은 서둘러 결혼하기는 했지만 취업 역시 많이 하여 전시 노동참여를 능가할 정도였는데요.당시 반 페미니즘적 광기를 자극하고 지속시킨 것은 "여성의 가정으로의 후퇴가 아니라 여성들의 직업 시장 유입"이었습니다. 문학 비평가 샌드라 길버트와 수전 구바가 전후 시대에 대해 논평한 것처럼 "뇌를 써서 돈을 버는 여성들이 늘어날수록 소설, 연극, 시에서 여성을 육체밖에 없는 존재로 재현하는 남성들이 늘어났다"는 겁니다. 그러나 이러한 반격에도 직장여성들은 집으로 돌아가지 않았습니다. 팔루디는 "1950년대 직장 여성들의 수는 줄지 않았지만 저임금 일자리로 밀려난 여성의 비중은 늘었고 임금 격차는 커졌으며, 1930년에 절반을 차지하던 고소득 직종 종사자

---

19 벨 훅스, 『페미니즘 – 주변에서 중심으로』, 윤은진 옮김, 모티브북, 2010, 22쪽.

의 수가 1960년에는 약 3분의 1로 줄었다"고 설명하고 있습니다.[20]

다시 말해 문제는 여성들이 가사노동에 시달리고 있다는 것을 넘어 여성들의 대다수가 밖에서 일을 하고 있음에도 불구하고, 이 여성들의 일자리가 점점 더 저평가되고 저임금화되며, 유리천장이 더욱 견고해지고 있다는 점이었습니다. 여성노동의 빈곤화, 계급화가 문제라는 것이죠. 그러나 최저임금의 실질가치 하락, 고정된 일자리가 사라지고 빈곤층이 증가하는 문제는 계급의 문제일 뿐 아니라 인종의 문제였습니다. 게다가 어떤 여성들에게 가정은 자신을 옭아매는 곳이거나 지긋지긋한 가사노동을 반복해야 하는 곳이기만 한 것은 아니었는데요. 특히 소수민족 유색인 여성들에게 가정을 꾸린다는 의미는 다소 복잡한 것이었습니다.

마르티네스는 식민 경험이 있는 여성들은 가족을 다르게 바라본다고 말합니다. 가족은 지배 사회에 맞설 수 있는 유일한 방어물이자 사회에서 정체성을 끊임없이 공격받는 이들에게 믿을 수 있는 요새가 되어준다는 것입니다. 어머니로서의 여성은 이 요새 안의 중심이었습니다. "어머니-여성은 삶의 원리이자 생존과 인내의 원리이다. …반면에 소외된 젊은 백인여성들에게 가족, 특히 핵가족은 여성을 가정주부와 어머니 역할에 제한하는 억압적이고 가부장적인 제도로 간주된다. 이런 백인여성의 태도는 치카나의 태도와 거의 대척점에 서있다."[21] 이처

---

20 수전 팔루디, 『백래시』, 황성원 옮김, 아르테, 2017, 118쪽.

21 Martinez, Elizabeth, *op. cit.*, p. 270.

럼 라틴계 미국여성들의 시각은 백인 미국여성들의 시각과는 사뭇 달랐습니다.

아프리카계 미국인에게도 가정 꾸리기란 그들의 피부색과 토착 문화에 적대적인 사회로부터 서로를 보호하고 지켜줄 수 있는 요새를 만드는 일에 다름 아니었습니다. 예를 들어 19세기 초 미국의 흑인에게는 결혼할 권리, 남편과 아내가 함께 살 권리, 자식과 함께 살 권리가 주어지지 않았습니다. 노예 신분이었던 이들은 노예주의 '재산'이자 '가축'으로서 이익을 산출하는 노동력으로만 여겨졌기 때문입니다. 이들은 남녀노소를 가릴 것 없이 대다수가 들판에 나가 노동해야 했고, 성별에 따라 다른 대접을 받기보다는 무성적(genderless) 존재로 여겨졌습니다. 흑인여성은 '어머니'가 아니라 '씨암말'(breeder)처럼 다루어졌으며, 팔 수 있는 상품인 노예아이를 계속해서 낳을 것을 강요당했습니다. [22] 그렇기에 당시 흑인여성들은 자신의 성역할의 고유성부터 주장해야 했습니다. 이들에게 허락되지 않았던 결혼의 자유 그리고 아내, 남편, 자식들이 함께 모여 살 수 있는 자유는 이들이 오랫동안 주장하고 싸워온 투쟁의 결과였습니다.

여기서 주목할 것은 결혼을 통해 아내이자 어머니의 지위를 갖게 된 흑인여성은 '명예로운 시민'이자 '진정한 여성'으로서 대접받을 수 있었다는 점입니다. 그리고 이들은 그러한 대접을 받을 권리를 지속적으로 사회에 요구했습니다. 이는 흑인여성들이 인종 · 젠더 · 계급적 이유로

---

22 bellhooks, *Ain't I a Woman: Black Women and Feminism*, South End Press, 1981, p. 22.

제한받아온 시민적 권리를 확장시키려는 시도로서 그들이 가진 유일한 '이성애적 특권'을 활용했음을 보여줍니다. 앞서 바바라 스미스의 회상처럼 흑인 공동체 내에서의 커밍아웃이 페미니스트 선언보다 더 어려웠던 이유는 "이성애 특권이 흑인여성이 누릴 수 있는 유일한 특권"이었기 때문입니다. 인종이나 성에 따른 특권과 계급 특권을 누리기 어려운 흑인여성들에게 "동성애자가 아니라서 똑바른 처지를 유지하는 것"이야말로 그들이 기댈수 있는 최후의 보루였습니다.[23]

그러나 노예제가 폐지된 이후로도 여전히 많은 수의 흑인들은 극빈층에 속했고, 가족을 부양할 만큼의 가족임금을 벌어오지 못하는 흑인남성에게는 아버지나 가부장으로서의 권위가 주어지지 않았습니다. 흑인남성이 규범적 남성상에 들어맞지 않은 것처럼, 흑인여성 또한 연약한 아내/가정주부라는 여성에 관한 일반적인 통념에 적용받지 않는 존재였습니다.[24] 흑인여성들은 계속해서 유모, 가정부, 세탁부, 요리사, 웨이트리스, 공장의 비숙련 노동자로 가정 바깥에서 일해야만 했습니다. 이러한 상황에서 자신의 집에서 가족을 위해 요리하고 세탁하는 일은 오히려 가족을 돌보는 '기쁨의 노동'이자 '소외되지 않은 노동'이었습니다.[25] 따라서 가사노동의 문제가 백인 중산층 페미니즘의 의제라고만 생각하는

23 패트리샤 힐 콜린스, 『흑인 페미니즘 사상』, 박미선·주해연 옮김, 여이연, 2009, 223쪽.

24 Davis, Angela Y., *Women, Race, & Class*, Vintage, 2011, p. 5.

25 패트리샤 힐 콜린스, 앞의 책, 46쪽.

것은 이러한 상황을 가리는 것이 됩니다.[26]

　이러한 사례는 페미니즘 의제에 교차적 사고를 통해 접근하는 것이 필요함을 역설합니다. 20세기 초 노예해방 이후 아프리카계 미국인들은 흑인 가정에는 적용되지 못했던 공적영역에서의 남편 역할과 사적영역에서의 아내 역할을 규범으로 한 '중산층 가족의 이상향'을 추구했습니다. 백인 페미니스트들이 그토록 허물고자 애썼던 공사영역 분리(separate spheres)를 좇은 것인데요.[27] 미국 흑인여성학자인 리스 멀링스(Leith Mullings)는 유럽계 미국인 시민사회에 포함되기 위한 투쟁에는 젠더의 '특권'을 요구하는 것이 포함된다고 지적합니다. 젠더 역할이 제공하는 많은 '보호'를 부정당하고 때로는 젠더역할이 전도된 것에 항의하는 것은 자신의 노동에 일정한 통제권을 행사하기 위한 시도였다는 것입니다.[28] 다시 말해 남편, 아버지, 아내, 어머니 등 젠더에 바탕을 둔 역할을 맡을 권리를 주장하는 것은 누군가에게는 역설적으로 저항 행위일 수 있습니다.

　아프리카계 미국인들이 겪은 이 독특한 역사적 경험을 인식하는

26　*Ibid*, p. 96.

27　동시에 흑인여성들은 공사영역 분리를 교란하고 흔드는 존재들이기도 했다. 역사학자 에번스는 백인 중산층과 달리 중산층 흑인여성들은 교회와 지역 사회의 집단 등으로 조직되어 있었기 때문에 항상 정치화되어 있었다고 지적한다. 흑인여성들은 제한된 투표권을 활용하는 대신 흑인 지역사회에 봉사하고 교회에서 목소리를 내며 이웃을 돌보고 공동체 번영을 위해 헌신하면서 지속적으로 여성에게 허용된 사적영역에서의 활동을 정치적 활동으로 변형시켜왔다.

28　Mullings, Leith, "Mapping Gender in African American Political Strategies", *The Socialist Feminist Project: A Contemporary Reader in Theory and Politics*, Monthly Review Press, 2002, p. 318.

일은 우리에게 젠더란 인종과 계급을 떼어놓고서는 생각하기 어렵다는 점을 일러줍니다. "젠더라는 쟁점은 언제나 민족 및 인종의 역사적 변화과정과 한데 뒤얽혀"있으며, "민족이나 인종집단, 소수민족이 억압에 맞서 벌이는 투쟁에 여성들이 연루되기 때문"입니다.[29] 19세기 초 흑인여성에게는 원치 않는 성적인 침해로부터 벗어나 남편의 보호를 받는 아내라는 위치는 쟁취해야 할 투쟁의 목표였습니다. 20세기 초 자신의 아이를 집에 두고 백인가정에서 일해야 했던 흑인여성에게 가사노동의 의미는 소중했습니다. 생계를 위해 가족이 뿔뿔이 흩어져 살아야하는 21세기 이주노동자들과 동성결혼이 합법화되지 않은 한국에서 결혼할 권리와 가정을 꾸릴 권리는 여전히 싸워 나가야 할 과제입니다.

여성을 향한 폭력에 맞서기

여성을 향한 폭력에 맞서는 일은 교차적 사고의 중요성을 잘 보여줍니다. 1970년대 페미니스트들은 강간을 '행실이 바르지 못한' 일부 여성이 겪는 문제가 아니라 여성 전체의 문제이자 일상적인 여성억압의 문제로 인식하기 시작합니다. 모든 여성은 강간의 피해자가 될 수 있으며 모든 남성은 강간을 방관함으로써 여성종속과 남성지배를 유지하는 데 일조한다는 주장도 나왔습니다. 이러한 주장이 힘을 얻고 있을 때 아프리카계 미국인 여성들은 보다 조심스러운 입장을 보였습

---

29 *Ibid.*, p. 313.

1. 교차로에 선 여자들, 1968년, 미국

니다. 모든 남성 가해자에게 적의를 가지고 있던 강간 척결 운동은 흑인남성에게 덧 씌워지는 강간 혐의, 즉 흑인에 대한 린치와 테러를 정당화하기 위해 악용되어왔던 강간 혐의에 대한 흑인 지역사회의 역사적 불신에 대하여 전혀 공감대를 가지고 있지 않았기 때문입니다.[30]

예를 들어 1953년, 14세의 흑인소년 에밋 틸(Emmett Till)에게 가해진 린치와 살해는 성정치만으로는 설명될 수 없는 부분이 있습니다. 이 소년은 미시시피에 살고 있는 사촌을 방문하던 중 식료품 가게에 들릅니다. 확인되지 않은 사실로는 그가 가게의 백인 여점원에게 휘파람을 불었다고 하는데요. 이로 인해 새벽에 15명의 백인남성들에 의해 끌려 나가 가혹하게 린치 당합니다. 그는 만신창이가 된 사체로 강에서 발견되었습니다. 백인피의자들은 납치와 살해혐의로 기소되었지만 모두 무죄로 석방되었습니다.[31] 백인 페미니스트 수전 브라운밀러(Susan Brownmiller)는 이 사건을 '인종주의적 테러'보다는 '백인여성의 섹슈얼리티에 가해진 위협'에 초점을 맞추어 논평하여 비판받은 바 있습니다. 틸의 휘파람은 청소년의 장난으로 보아 넘길 것이 아니라 '늑대의 휘파람'으로, 여성을 성적으로 소유하려드는 남성의 행동으로 보아야 한다는 것입니다.[32] 그러나 단순히 휘파람만으로 틸과 그를 죽인

---

30 사라 에번스, 앞의 책, 447쪽.

31 틸의 어머니는 인종차별의 참상을 고발하는 의미에서 아들의 관을 열어 둔 채 장례를 치뤘고, 참담하게 훼손된 그의 얼굴이 만천하에 보일 수 있도록 했다. 이 사건은 흑인민권운동이 본격화되는 계기가 되었다. 다큐멘터리 〈에밋 루이스 틸의 알려지지 않은 이야기 〉(The Untold Story of Emmett Louis Till, 2005)와 〈에밋 틸의 살인〉(The Murder of Emmett Till, 2003)참조.

32 수전 브라운밀러, 『우리의 의지에 반하여』, 박소영 옮김, 오월의봄, 2018, 380쪽.

15명의 살인자가 동일한 남성성을 발휘했다고 볼 수 있을까요.[33] 인종주의와 섹슈얼리티, 젠더의 문제는 우리에게 보다 중층적인 관점을 갖고 교차성에 대해 사고할 것을 요구합니다. 백인여성을 '보호한다'는 명목하에 흑인남성에게 '통제불능의 과잉성욕자'의 이미지를 덧씌우고 마구잡이로 살해하던 시대의 성정치는 인종주의를 경유하지 않고서는 정확히 이해될 수 없기 때문입니다.

아내구타, 강간 등 여성을 향한 폭력사건이 터졌을 때에도 미국의 언론은 흑인여성 피해자보다는 백인여성 피해자에게 더 많은 관심과 애도를 표했으며, 해결을 촉구했습니다. 이에 관해 참조해 볼 수 있는 글이 바로 킴벌리 크렌쇼의 「주변부들을 지형화하기: 교차성, 정체성의 정치학, 그리고 유색인종 여성에 대한 폭력」("Mapping the margins: Intersectionality, identity politics, and violence against women of color", 1991)이라는 논문입니다. 이 논문은 비판인종이론(Critical Race Theory)에 기댄 법학연구로 미국에서 법적 권리와 책임이 인종, 계급, 성별에 따라 어떻게 각기 다르게 배분되는지에 초점을 맞춰 판례와 사례를 분석합니다. 1991년 발표된 이 논문은 '교차성'이라는 단어를 중요한 학술 용어로 자리매김하는 데 일조했습니다. 이 논문에는 유색인 여성들이 처한 다양한 불합리한 사례들이 등장합니다. 그 중 첫 번째 사례가 성폭행과 아내구타입니다.

크렌쇼는 소수민족 유색인 여성들이 남편으로부터 상습적인 구타

---

33 Davis, Angela Y., *op. cit.*, p. 178.

를 당하거나 강간 및 성폭행을 당했을 때 강간위기센터나 쉼터로부터 도움을 받기 어렵다는 점을 지적합니다. 예를 들어 강간위기센터에 마련된 기금은 피해당한 여성의 소송을 위해 사용하도록 규정되어 있습니다. 그러나 많은 유색인 여성들은 그들이 당한 일을 법정으로 가져가길 원치 않습니다. 그들에게 좀 더 시급한 문제는 부족한 생필품과 월세 등의 주거비용, 안정된 일자리와 양육의 문제이기 때문입니다. 그러나 이들에게 생필품이나 육아용품을 지원하는 것은 센터의 기금을 목적 외의 일에 쓰는 것이기 때문에 지원센터는 이들을 도울 수 없습니다. 결국 비백인 여성과 가난한 여성들이 주로 지원에서 배제되는 상황이 생겨나는 것이지요.

만약 피해여성이 국제결혼을 통해 이주한 여성이라면 국외추방이 두려워 학대를 견디는 것을 택하기도 합니다. 이주여성들은 비자발급 사면신청(Waiver)을 위한 자격이 충분치 않거나 남편이 모든 정보를 통제하고 감시하기 때문에 학대에서 벗어나지 못하기도 합니다. 영어로 의사소통이 어려운 경우에도 지원센터의 도움을 받기 어려운데요. 뉴욕 사회복지국의 다이애나 캄포스(Diana Campos)가 전하는 한 라틴계 여성의 사례가 대표적입니다. (주로 백인 중산층 여성들이 지원하고 설립한) 지원센터는 여성 피해자에게 자활을 위한 프로그램에 참여할 것을 입소 조건으로 내세웁니다. 한 라틴계 여성은 머물 곳이 절박하게 필요했던 상황이었지만 영어로 의사소통이 원활하지 않았기 때문에 센터의 프로그램 참여가 불가능했습니다. 센터는 이를 이유로 해당 여성의 입소를 거절했고, 결국 그녀와의 연락은 두절되고 맙니다.

이를 두고 크렌쇼는 단체의 기본적 우선순위를 저버린 페미니즘적 접근의 부조리한 측면이라고 지적합니다.[34] 이처럼 여성의 경험을 복합적으로 다루지 못하는 페미니즘은 앞으로도 계속해서 이러한 비극을 양산할 수 있습니다.

페미니스트들은 그동안 미국의 법률체계를 비판하면서 사회정책에 적용되는 '사람들'이 있는 게 아니라 각기 다른 권리와 책임이 주어지는 '여성'과 '남성'이 있을 뿐이라고 주장해왔습니다. 법을 제정하고 개정함에 있어 젠더를 고려해야 한다는 지적인데요. 이에 더하여 크렌쇼와 같은 교차성 이론가들은 미국사회 내의 모든 개인은 인종, 계급, 성별 등의 위계에 따라 사회적 위치가 정해지며, 이러한 위계를 따라 같은 사건에도 법적으로 보호받거나 받지 못하는 차이가 발생한다고 주장합니다. 지원받지 못하거나 보호받지 못하는 이들의 상황과 위치를 드러내고 구체적으로 살필 수 있는 상호교차적 분석이 필요한 이유입니다.

교차성의 통찰력

끝으로 앞서 설명한 교차성 분석이 갖는 장점을 다음과 같이 정리하고자 합니다. 첫째, 교차성을 페미니즘 논의에 적용하는 것은 젠더

---

34 Crenshaw, Kimberlé, "Mapping the margins: Intersectionality, identity politics, and violence against women of color", *Stanford Law Review*, 1991, p. 1263.

란 이미 인종화되고 계급화된 범주라는 점을 다시 한 번 확인시켜줍니다. 젠더는 단순히 생물학적 차이로 구성되는 정체성이 아니라 특정 사회의 인종, 계급, 섹슈얼리티 등과의 관계를 통해 형성되는 역사적 범주이자, 일련의 사회규범, 실천, 편견, 제도에 따라 형성되는 사회적 관계이며, 지위이자 사회구조입니다.[35] 따라서 유색인 여성들은 백인 여성이 겪는 성차별과는 질적으로 다른 성차별과 젠더억압을 경험합니다. 이처럼 단일하지 않은 여성들의 경험의 결을 분석하고 이론화할 수 있는 도구로서 교차성은 기존에 설명되지 못했던 차별과 억압에 보다 구체적인 언어를 부여할 수 있는 방법론이 되어줍니다.

두 번째, 아프리카계 미국인과 라틴계 미국인을 비롯해 수많은 소수민족 유색인 여성들의 독특한 경험과 저항의 역사를 인식하는 일은 페미니즘 인식론을 새롭게 합니다. 교차성 이론가 콜린스는 "어떤 학자도 자기들의 문화적 견해나, 인종, 젠더, 계급, 섹슈얼리티, 민족이 교차하는 억압에서 자신이 차지하는 위치로부터 자유로울 수 없다"고 말합니다.[36] 만약 한 학자가 미국에서 자신의 논지를 펴고자 한다면 백인 엘리트 이성애자이자 미국 시민권자인 남성들이 통제하는 학문공동체를 향해 자신의 주장의 정당성을 설득해야 합니다. 이는 서

---

35 Scott, Joan Wallach, "Gender as a useful category of historical analysis", *Culture, Society and Sexuality*. Routledge, 2007, pp.77-97; Davidson, Cathy N., et al., eds. *No More Separate Spheres!: A Next Wave American Studies Reader*, Duke University Press, 2002; R. W. 코넬, 『남성성/들』, 안상욱 · 현민 옮김, 이매진, 2003; Mullings, Leith, "Mapping Gender in African American Political Strategies", *The Socialist Feminist Project: A Contemporary Reader in Theory and Politics,* Monthly Review Press, 2002.

36 패트리샤 힐 콜린스, 앞의 책, 418쪽.

구 지식/권력체계에 내재한 남성중심적 세계관을 폭로하고 비판적으로 개입하는 페미니스트의 작업을 요약합니다. 지식을 인증하는 데 사용하는 인식론을 의문에 부치는 이들의 사유는 페미니스트 입장론(standpoint theory)을 경유하여 교차성 이론으로 이어집니다.

이때 교차성 이론은 '가난한' '레즈비언' '여성'이라면 억압에 관해 더 정확하게 말할 수 있다는 식으로 보는 더하기모델(additive model)이 아니라는 데 주의해야 합니다. 이러한 접근 방식은 억압을 정량화해서 비교할 수 있다는 잘못된 가정에 기반합니다. 뿐만 아니라 낙인찍힌 정체성을 겹겹으로 쌓아 오히려 사회 불평등을 심화시킬 수 있는 위험성, 경험을 분절적이고 독립적이며 누적 가능한 것으로 환원하는 점, 한 사람이 갖는 정체성들 또는 정체성들에 기반 한 차별에 순위를 매길 수 있다고 가정하는 점에서 비판받을 수 있습니다.[37] 예를 들어 흑인 레즈비언 여성의 정체성은 단순히 인종, 성적지향, 섹스/젠더의 단순한 결합이 아니라 '의미 있는 전체'(the meaningful whole)로서 파악해야 한다는 것인데요. 콜린스는 더하기 모델은 종속이 심할수록 더 투명한 시각을 가진다는 잘못된 분석을 낳게 한다고 지적합니다.

대신에 콜린스가 내놓는 것은 "각 집단은 자신의 관점으로 말하고, 부분적이고 정황적인 지식을 서로 나눈다"는 것입니다. 이때 각 집단이 내놓은 진리는 부분적인 것이자 미완성 상태의 지식으로, 각 집단

---

37 Bowleg, Lisa, "When Black+lesbian+woman≠Black lesbian woman: The methodological challenges of qualitative and quantitative intersectionality research", *Sex Roles*, 59. 5-6, 2008, p. 312.

은 자신의 관점의 고유성을 희생하거나 타 집단의 부분적 관점을 억누르지 않고도 다른 집단의 관점에 대해 생각할 수 있습니다.[38] 이는 자신의 특정한 집단적 역사에 뿌리를 두는 동시에, 다층적 차이를 넘어선 대화를 하면서 자신의 중심으로부터 나와 전환하는 '횡단의 정치'(transversal politics)를 설명하는 것이기도 합니다.[39] 교차성 페미니즘은 "지배 매트릭스가 인종, 젠더, 계급, 섹슈얼리티, 민족과 같은 특정 축을 따라 형성되는 방식과 서로 긴밀히 연결된 권력의 구조적, 훈육적, 헤게모니적, 대인관계적 영역을 통해 자동하는 방식"[40]을 이해하는 것이며, 이러한 인식에서 우리는 각기 다른 위치에 놓인 개개인 여성들의 행위주체성을 읽어내고 이들의 저항 전략을 세심하게 살필 수 있게 됩니다.

이는 교차성 분석이 주는 세 번째 통찰력으로 이어집니다. 교차성은 여성이라는 이유만으로 자동적으로 피해자의 위치에 머물러 사고하는 것을 넘어서 지배와 피지배의 관계를 재사유하게 합니다. 개인과 집단은 어떤 상황에서는 억압자가 될 수도 있고, 다른 상황에서는 억압받는 자가 되며, 억압자이면서 동시에 피억압자일 수 있습니다. 벨 훅스는 "여성이 사회를 재구성할 수 있으려면, 기존 사회구조 안에서 권력을 획득해야 성차별적 억압을 종식시키는 페미니즘 투쟁을 진척

---

38 패트리샤 힐 콜린스, 앞의 책, 443쪽.

39 위의 책, 408쪽.

40 위의 책, 467쪽.

시킬 수 있는 것이라는 생각부터 거부해야 한다"고 말합니다. 여성이 성차별에 효과적으로 저항할 수 있으려면 권력을 지녀야 한다는 주장은 여성이 권력을 가지고 있지 않다는 잘못된 가정에 근거합니다. 가장 억압받는 여성조차도 분명 나름의 권력을 행사합니다. 벨훅스는 우리가 이러한 권력을 페미니즘 투쟁을 진척시키는 데 사용할 수 있다고 강조합니다. 그리고 약한 자가 쥐고 있는 가장 중요한 권력 가운데 하나는 "자신에 관한 정의를 권력자가 강요하는 대로 받아들이기를 거부하는 것"이라고 소개합니다.[41]

콜린스 또한 "더 많은 권력을 가진 집단이 적은 권력을 가진 집단을 억압하는 상황에서, 억압과 저항활동 사이의 변증법적 관계를 보는 것"이 필요하다고 지적합니다. 여기서 변증법적 관계라 함은 사회변화의 여부가 인간 행동의 영역 외부에 놓여 미리 결정된다고 보지 않고 행위주체성에서 나온다고 보는 것을 말하는데요. 억압과 저항은 서로 긴밀히 얽혀 있어서, 한 측의 형태는 다른 측에 영향을 미치며, 이와 동시에 이 관계는 영원한 억압자와 피해자라는 단순한 형태를 넘어서는 복합적인 면모를 보인다는 것입니다.[42]

공통적으로 이들은 여성이 권력에 의해 정의된 자신의 현실을 거부할 수 있다는 분명한 사실과 함께 여성이 권력에 의해 정해진 현실에 저항하고 협상하고 생존하는 데 사용하는 전략들을 보다 세심하

---

41 벨 훅스, 『페미니즘 ─ 주변에서 중심으로』, 모티브북, 2010, 151쪽.

42 패트리샤 힐 콜린스, 앞의 책, 446-447쪽.

게 관찰할 것을 요청합니다. 이는 억압의 중층성과 교차성을 강조하면서 해당 여성을 무력한 피해자로만 재현해버릴 위험성을 피하기 위함입니다. 어떠한 상황에서도 피해자는 항상 수동적이지 않으며 행위주체성을 발휘할 수 있음을 유념할 때 여성들의 경험은 보다 복합적으로 설명될 수 있습니다. 억압은 항상 그 모습을 바꾸기에 특정 개인이 특정한 상황에서 마주하는 다양한 권력-시스템 속에서 우리의 위치는 항상 변화합니다. 그러나 기억할 것은 우리 개개인이 우리의 "생각과 행동을 변화시킴에 따라 권력의 전체 형태 역시 변한다"는 점입니다.[43] 결국 우리는 "교차성이 무엇이냐가 아니라, 교차성이 무엇을 하는지"[44] 에 더욱 관심을 가지고 살펴보아야 할 것입니다.

---

43 위의 책, 447쪽.

44 Collins, Patricia Hill, and Sirma Bilge, *Intersectionality*, John Wiley & Sons, 2016, p. 5; May, Vivian M., *Pursuing Intersectionality, Unsettling Dominant Imaginaries*, Routledge, 2015, p. 19.

교차성 페미니즘

2

공백으로부터, 아래로부터, 용기로부터 시작하는 페미니즘, 교차성

김보명

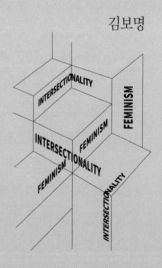

1. 페미니즘의 재부상

2015년부터 본격적으로 시작된 페미니즘의 재부상은 디지털 공간과 대중문화 영역을 넘어 거리와 광장의 민주주의로 이어지면서 페미니스트 정치학의 확산을 가져왔습니다. 교차성 페미니즘 혹은 교차성 이론에 대한 이야기를 하기에 앞서 먼저 지난 4년간 우리가 경험하고 목격한 페미니스트 정치학의 재부상과 대중적 확산의 흐름을 간략하게 살펴보고자 합니다. 왜냐하면, 결론에서 다시 살펴보듯, 교차성 페미니즘은 결국 지금 우리가 여기에서 실천하는 페미니스트 저항에 대한 이야기이기 때문입니다.

2015년 1월, 페미니스트가 싫어서 한국을 떠나기로 한 김 모 군의 선언과 그 뒤를 이은 팝 칼럼니스트 김태훈의 "무뇌아적 페미니즘"이라는 오만한 논평은 페이스북과 트위터에서 "#나는 페미니스트입니다"라는 해시태그 선언운동을 이끌어내면서 페미니스트 여성들을 디지털 공론장으로 불러내었습니다. 그리고 같은 해 5월에 시작된 메르스 사태는 〈메갈리아〉 사이트의 탄생으로 이어지면서 본격적인 디지털 페미니스트 액티비즘의 시작을 알렸습니다. 디지털 네이티브 세대로써 '디씨 인사이드' 등에서 활약하면서 디지털 하위문화의 정서와 전략을 자유롭게 전유하는 메갈리안 전사들은 혐오의 문법을 전복적으로 전유하고 반사하는 '미러링'이라는 새로운 저항의 방식을 선보였습니다. 혐오 폭력을 생산하는 이들에 대해 친절한 대화나 설득을 시도하기보다는 자신들이 가진 문화적 역량을 조직하고 발휘하는 저항이 그것입니다. 문화적 저항으로서의 '미러링'은 또한 여성정책이나 여성학 서적에서 찾아볼 수 없는 독특한 실천이기도 합니다. 새로운 청녀세대 페미니스트 저항이 보여주는 '평등'이나 '정의'에 대한 인식은 분명 지난 세대, 즉 1980년대의 민주화 여성운동이나 1990년대의 대학 여성주의와 닮았지만 또 다른 듯 보입니다. 이는 아마도 현재의 한국사회의 청년세대 안에서 일어나는 젠더 갈등의 양상이 과거의 그것과 다르기 때문일 것입니다. 교육, 노동, 문화 등의 영역에서 소녀들과 여성들이 또래 남성들과 동등한, 혹은 그보다 더 뛰어난 역량과 성취를 보인다고 이야기되기도 하는 포스트-페미니즘의 시대, 여성이 노동시장에서 단순히 배제되기보다는 전략적으로 포섭되고 동원되는 포스트-포디즘의 시대, 그리고 모두가 각자의 생존을 위해 싸워야 하는 불안과 경쟁으로 점철된 신-자유주의의 시대 등이 아마도 그 차이들을 만들어내는 몇 가지 배경들이 되지 않을까 싶습니다.

　디지털 공간을 통해 재부상한 페미니즘은 다음 해인 2016년 5월에 일어난 강남역 사건을 계기로 하여 더욱 빠르게, 그리고 대중적으로 확산되었습니다. 평범한 20대 여성의 무고한 죽음에 여성들과 시민들은 분노하고 또 애도하였으며 도시공간에서의 여성의 안전에 대한 정책적 대안을 요구하기도 하였습니다. SNS를 통해서 확산되기 시작한 추모의 메시지들은 곧 2만개가 넘는 포스트잇으로 강남역 출구를 뒤덮었습니다. "여자라서 죽었다" "살女주세요" "나는 우연히 살아남았다" "미안합니다"와 같은 메시지들에서 우리는 당시 많은 여성들이 느낀 공포를 짐작할 수 있습니다. 자발적으로 확산된 추모와 분노의 목소리들에 대응하여 정부는 재발 방지 대책으로서 '여성대상 강력범죄 종합 대책'을 발표하기도 하였습니다. 그러나 정부와 경찰이 내놓은 여성안 전 대책들은 성별간의 공간분리를 통해 여성을 안전하게 보호하겠다 는 다분히 비현실적이고 동시에 젠더 이분법적인 접근을 전제로 했다 는 비판을 받기도 하였습니다. 성별 화장실 분리와 같은 대책은 다양 한 젠더, 신체적 조건, 사회적 상황을 살아가는 (여성) 시민들을 모두 포괄하기보다는 기존의 성별 이분법을 재생산한다는 지적이 제기되었 습니다.

2016년 가을에 들어 우리는 여성의 재생산권 확보를 위한 〈검은시 위〉의 흐름과 낙태죄 폐지운동, 그리고 문단 및 예술계 내 성폭력을 폭 로하는 해시태그 운동을 경험하였습니다. 먼저 그간 사문화된 조항이 었던 '낙태죄'의 효력을 되살리고 임신 중절 시술을 제공하는 산부인과 의사를 강력히 처벌하겠노라 선언한 보건복지부의 시도는 여성의 재 생산 권리와 정의를 요구하는 〈검은 시위〉를 확산시켰습니다. 재생산 권의 당사자인 여성의 경험과 목소리에 귀 기울이지 않는 정부의 시도 에 대해 여성들은 "나의 자궁은 나의 것" "태어난 사람이나 신경 써라" "덮어놓고 낳다보면 경력단절 못 면한다" "모두를 위한 낙태죄 폐지" 등과 같은 다양한 구호들로 맞섰습니다. 1970년대의 가족계획 구호를 패러디하는 구호들이 등장하면서 변화하는 재생산 권리 및 정의의 시 대적 조건, 그리고 그럼에도 불구하고 변하지 않는 여성의 신체와 성 에 대한 통제를 동시에 폭로하였습니다. 같은 시기에 일어난 문단 및 예술계 내의 성폭력을 폭로하는 해시태그 운동은 텀블벅 모금과 여성문인들의 자발적 참여를 통한 "참고문헌 없음"이라는 서적 출판 프로젝트로 이어졌습니다. 그리고 이러한 반-성폭력 발화는 2018년 3월 현재 미투(#Me Too, With You) 선언으로 다시 한번 확산되면서 폭넓은 대중적 반향을 불러일으키고 있습니다.

우리는 또한 2015년으로부터 시작된 다양한 페미니스트 서적들의 출판과 20대-30대 여성들의 생애사에 대한 대중적 관심을 목격하였습니다. 『우리에게는 언어가 필요하다』, 『82년생 김지영』, 『페미니스트 모먼트』, 『대한민국 넷페미』, 『나쁜 페미니스트』, 『싸우는 여자가 이긴다』 등과 같은 다양한 페미니스트 서적들의 출판이 이어지면서 페미니스트 역사와 청년세대 여성들의 삶의 경험에 대한 이야기들이 출판시장의 키워드로 부상하였습니다. 이는 출판시장과 대중문화 시장에서 20-30대 여성들의 역할과 몫이 커지면서 시작된 변화이기도 합니다. 그리고 유사한 맥락에서 페미니즘의 재부상은 대중문화 생산 및 소비, 그리고 팬덤 실천에서도 많은 변화를 만들어내고 있습니다. 최근에 나온 〈레드벨벳〉 팬클럽의 성명서는 팬덤 문화에서 페미니스트 정치학이 차지하는 위상을 분명히 드러내기도 하였습니다. 〈레드벨벳〉 멤버 중 한 명을 캐릭터로 삼아 데이트를 할 수 있는 가상현실(VR) 게임의 출시를 반대하여 나온 이 성명서는 여성 아이돌에 대한 성적 대상화, 공사영역의 이분법, 현실과 재현의 관계, 엔터테인먼트 산업 안에서 일어나는 성차별 등을 조목조목 지적하면서 비판하고 있습니다. 페미니즘의 재부상과 더불어 대중문화의 주요 소비자로서의 소녀들과 여성들은 여성을 비하하거나 착취하는 컨텐츠들을 더 이상 소비 혹은 지지하지 않겠노라고 선언하기 시작하였습니다. 이들은 또한 대중문화의 생산자들이 보다 나은 젠더 감수성을 갖출 것을 기대하고 요구하기 시작하였습니다. 〈옹달샘과 꿈꾸는 라디오〉의 장동민, 인기 K-POP 그룹인 〈엑소〉의 찬열과 〈인피니티〉의 성규, 그리고 최근에는 '개념 있는' 배우로 알려진 유아인, 그리고 각종 예능 프로그램과 영화 및 드라마 컨텐츠 등이 '여성혐오' 연예인과 컨텐츠로 지목받고 보이콧의 대상이 되었습니다. 오랫동안 소녀들과 여성들이 집합적 여성문화 속에서 자신들의 문화적 즐거움을 탐색하고 만들어내는 공간으로 기능하였던 팬덤 실천은 이제 페미니즘과의 만남을 통해 새롭게 배결되고 있습니다. 다른 한편, 대중문화 영역에서의 페미니스트 정치학의 재부상은 남성 연예인들뿐 아니라 '소녀산업'의 테두리 안에서 성장해 온 아이유나 설리와 같은 20대 여성 연예인들을 논란의 대상으로 만들기도 하였습니다. 아이유의 앨범 〈챗셔〉와 설리의 인스타그램 사진들은 '로리콘' 혹은 소아성애라는 비판을 받으면서 대중문화 영역에서 여성들이 누릴 수 있는 즐거움과 주체성이 어떤 모습인지에 대한 복잡한 논쟁을 예고하였습니다. 베테랑 여성 예능인인 송은이나 '퓨리오 숙' 혹은 '가모장 숙'이라 불리는 김숙, 여성 영화인으로서 살아남는 법에 대한 고민을 제시하는 문소리 배우 겸 감독 등은 남성 중심적인 대중문화계에서 대안적인 생존과 즐거움의 방식을 보여주면서 여성관객들의 지지를 모으고 있기도 합니다.

　다시 시간을 조금 되돌려서 2016년의 촛불시위와 광장의 정치학을 떠올려 보겠습니다. 2016년 가을부터 시작된 촛불시위와 광장의 정치학은 민주주의 참여의 장에서 여성과 장애인, 성적 소수자들이 놓인 모순적 위치들을 새롭게 질문하는 계기들을 마련하였습니다. 변화와 혁명을 외친 광장의 정치학은 동시에 여성혐오, 장애인 혐오, 노인 혐오 등으로 얼룩지면서 규범적 남성 시민들을 특권적 주체로 호명하였습니다. 이구영의 〈더러운 잠〉 전시, DJ DOC의 〈수취인분명〉, 그리고 '병신년 닭근혜'와 같은 구호들에서 드러난 여성혐오의 정치학과 광장에서 일어난 (젊은) 여성 참여자들에 대한 성적 접근과 침해는 민주주의 정치학과 페미니즘의 충돌을 드러내었습니다. 민주주의와 진보의 공간으로 호명되고 상상되었던 광장에서 일어나는 성적 침해와 폭력에 대응하여 광장의 여성들은 〈페미 존〉을 결성하고 '페미 자경단'을 운영함으로써 스스로의 안전과 권리를 지키고자 하였습니다.[1] 우리는 여기에서 광장으로 나왔지만 여전히 대등한 시민이나 저항의 주체로 대우받지 못했던, 그러나 광장을 버리거나 포기하지 않고 여전히 광장에 설 권리를 요구했던 페미니스트 주체들의 선택과 전략을 볼 수 있습니다.

다른 한편 광장의 정치학에서 박근혜 정권의 실패는 여성 혹은 여성성의 실패로 환원되었으며 새로운 미래의 국가는 건실한 가부장이 이끄는 안전하고 행복한, '정상적인' 세계로 상상되면서 이성애적 규범성을 재확립하는 시도를 보여주었습니다. 이는 탄핵 이후 전개된 벚꽃

---

1 이지원, 「페미니즘 정치의 장, 페미존을 복기할 때」, 『여/성 이론』 36호, 여성문화이론연구소, 2017, 153–168쪽.

2. 공백으로부터, 아래로부터, 용기로부터 시작하는 페미니즘, 교차성

대선의 과정에서 일어난 성 소수자 배제의 정치학에서 가장 뚜렷하게 확인되었습니다. 군형법 제92조 6항의 추행죄 폐지를 요구하는 성 소수자 단체들의 요구는 대선 후보 토론회에서 등장한 "동성애 반대합니까?"라는 홍준표 후보의 질문과 그것에 "네, 반대합니다"라고 답한 문재인 후보의 답변을 마주해야 했습니다. 새로운 정권의 출범 이후 언론은 당선인 문재인과 그의 배우자인 김정숙 여사, 그리고 주요 내각 인사들에 대한 보도에서 건실한 남성 정치인과 그를 보조하는 현숙한 여성의 모습을 부각하기도 하였습니다. 그리고 현재 우리는 '양성평등'과 '성평등'을 대립적으로 배치하면서 여성운동과 성 소수자 운동을 갈라놓는 보수 기독교의 반격과 이에 휩쓸려가는 여성가족부의 행보를 목격하고 있습니다. 보수 기독교의 조직화된 반동성애 운동이 지자체의 인권조례를 폐지하게 만들고 대학 성평등 기구나 정부 여성정책 및 관련 법령에서 '젠더' 혹은 '성평등'을 삭제하도록 요구하는 이 시대에, 페미니즘이 나아가야 할 방향은 무엇일지 질문하지 않을 수 없습니다.

2. 혐오의 정동경제학과 페미니스트 저항

앞서 언급한 바와 같이 새롭게 부상한 페미니스트 정치학은 기존의 여성정책이나 여성학 서적에서 나오지 않는, 그리고 과거의 대학 여성주의 실천이나 80년대 민주화 여성운동과 다른 저항의 전략과 지향을 보여 주었습니다. 먼저 이들의 저항은 디지털 하위문화 그리고 디지털 네트워크의 연결성 및 확산성에 일정 부분 빚지고 있고 또 이를 창의적으로 전유하는 모습을 보입니다. 〈일간 베스트〉나 〈오늘의 유머〉와 같은 디지털 하위문화를 통해 확산된 여성혐오 및 반 페미니즘 언설에 대항하는 이들의 전략은 진지한 항의나 설득보다는 자신들이 가진 문화적 역량을 활용하여 이를 맞받아치는 모습을 보여주었기 때문입니다. 정치적 올바름에 구애받지 않고 '혐오'의 문법을 과감하게 패러디함으로써 그것에 담긴 폭력의 정동적 효과를 비껴가거나 혹은 전복적으로 반사해 낸 '미러링'의 실천은 새로운 세대의 페미니스트 주체의 등장을 예고하였습니다.[2] 그리고 이러한 과감한 저항의 전략은 강남역 시위와 검은 시위, 그리고 촛불광장에서의 〈페미 존〉 활동에서도 유사하게 반복되었습니다. 같은 시기에 빠르게 확장된 여성학 서적 출판 시장에서도 『우리에게는 언어가 필요하다』, 『82년생 김지영』, 『나쁜 페미니스트』 등과 같은 대중적 페미니스트 서적들이 등장하였습니다. 이러한 변화들은 페미니즘을 자신의 삶을 방어하고 키워내는 생존의 언어, 자원, 전략으로 수용하고 실천하는 청년세대 여성들의 태도를 보여줍니다.

디지털 공간을 통한 페미니스트 저항의 부상은 지난 10년간 확산되어온 반 페미니즘 담론과 여성혐오의 확산에 대한 대응으로 읽어낼 수 있습니다. 〈일간 베스트〉로 대표되었던 청년보수 집단은 여성가족부와 여성정책에 적대감을 보이면서 '역차별'을 외쳤으며 동시에 또

---

2 윤지영, 「전복적 반사경으로서의 메갈리안 논쟁」, 『한국여성철학』 24호, 한국여성철학회, 2015, 5-79쪽.

래 여성들의 소비문화나 다양한 삶의 선택들에 대한 비난을 만들어냈습니다. 이들의 여성혐오 담론에서 여성들은 더 이상 구조적 불평등의 피해자가 아니라 오히려 각종 여성관련 정책의 혜택을 받는 부당한 수혜자이거나 혹은 자신의 여성적 매력과 신체를 무기로 삼아 또래 남성을 착취하는 존재로 그려졌습니다.[3] 여성과 남성 간에 존재하는 구조적 불평등을 인식하지 못하는 한편 모두가 똑같은 몫을 갖는 것만이 평등이라 오해하는 〈일간 베스트〉의 젠더 의식은 여성에 대한 혐오와 공격을 남성들의 정당한 자기 몫 찾기로 왜곡하고 있습니다. 젠더 평등을 데이트에서의 동일한 비용부담의 문제로 축소하고 왜곡하는 〈일간 베스트〉의 '양성평등'의 기준에 따르면 여성정책은 남성에 대한 역차별이 됩니다. 또한 이들은 여성, 좌파, 이주민 등에 대한 혐오를 하나의 '놀이'로 번역하고 실천하면서 '김치녀' '된장녀' '개똥녀'와 같은 각종 XX녀 시리즈들을 만들어 냈습니다. 여성혐오의 문법에서 20-30대 여성들은 이기적이거나 자기 통제력이 결여된, 즉 시민적 덕성이 부족한, 따라서 교육, 노동, 정치, 문화와 같은 공적 영역에 존재할 가치가 없는 이들로 그려졌습니다.

그렇다면 과연 여성들은 이제 남성들보다 더 많은 기회와 권리를 누리고 있을까요? 현실의 많은 사례들과 통계자료는 그것이 사실이 아님을 보여줍니다. 초등학교와 중고등학교 현장에서 일어나는 일상적 여

---

3 윤보라, 「일베와 여성혐오」, 『진보평론』 57호, 2013, 33-56쪽; 김수아, 「온라인 상에서의 여성혐오 표현」, 『페미니즘 연구』 제15권 2호, 279-317쪽.

성혐오의 놀이와 폭력의 확산은 페미니즘 교육의 필요성을 상기해주고 있습니다. 여성의 대학 진학률이 남성보다 높은 시대이지만 여전히 여성의 경제활동 참여율이나 임금수준은 남성에 비해 현저히 낮습니다. 또한 많은 여성들은 여전히 취업시장의 높은 문턱을 경험하거나 경력단절을 두려워하며, 불안정한 주변부 노동력으로 배치되거나 출산과 양육을 위해 경력을 포기합니다. 그리고 최근 한국사회를 휩쓸고 있는 미투 운동은 노동시장 내에서 여성들이 경험하는 또 다른 차별이자 폭력인 성희롱이 얼마나 일상적으로 반복되는지를 보여주고 있습니다. 여성의 성공과 진보라는 대중적 서사에도 불구하고 여전히 취약하고 불안한 20-30대 여성들의 삶은 『82년생 김지영』이라는 베스트셀러 소설에서도 잘 나타납니다.

일간베스트를 중심으로 확산된 청년세대의 여성혐오는 과거와 달리 남성과 대등한, 혹은 그보다 높은 교육수준을 보이면서 노동시장에서 또래 남성들과 경쟁하는 여성들에 대한 비난으로 나타나고 있습니다. 그리고 여성에 대한 이러한 문화적 공격은 변화하는 젠더 지형 속에서 여전히 부재한 대안적인 남성성, 그리고 그 공백이 초래하는 불안 및 혼란을 반영합니다. 이들에게 있어 노동과 교육 영역에서 경쟁하는 또래 여성은 구조적 차별의 약자가 아니라 남성 특권을 위협하는 존재로 비쳐집니다. 마치 사실은 아무도 원하지 않는 저임금의 고된 노동을 담당하는 이주민 노동자들이 외국인에 대한 혐오의 수사 속에서 '시민권자들의 일거리를 빼앗아가는' 존재들로 그려지듯이 말입니다. 이러한 오인과 왜곡은 우리 시대의 변화하는 삶의 조건과 풍경이 초래하는 혼란과 공백을 여실히 드러내 줍니다. 청년세대 남성들은 아버지 세대의 가부장적 특권이나 권위를 당연시할 수도 없고, 사실상 그 세대가 감당한 생계부양자로서의 책임을 오롯이 감당할 수도 없지만, 그렇다고 이를 대체할 새로운 남성성의 모델을 만들거나 수용하지도 못하면서, 변화하는 젠더지형이 초래하는 부담을 여성들이 모두 메워주기를 기대하기도 합니다. 똑똑하고 능력 있어서 남성과 생계부양의 부담을 나누지만 남성의 권위를 침해하지 않는 '개념녀'가 아마도 그것일 것입니다.

결국 청년세대가 경험하고 실천하는 혐오의 정동경제학은 보다 넓은 역사적 흐름 속에서 일어나고 있는 신자유주의적 경쟁과 삶의 불안정화를 보여줍니다. 불안정한 고용과 심화되는 경쟁, 그리고 그 안에서 부재한 친밀성의 대안적 모델이나 여성의 생애사적 전망 등은 모두 우리가 목격하고 있는 젠더간, 세대간, 계층간 갈등의 보다 넓은 사회문화적 배경을 구성하고 있기 때문입니다.[4] 그리고 이러한 혐오의 정동경제학의 풍경 속에서 등장한 디지털 페미니스트 주체들로서의 메갈리안들은 '개념녀'가 되기를 거부하고 남성들이 비난하는 '메퇘지'가 되기를 적극적으로 선언하였습니다. 이들은 또한 〈메르스 갤러리〉 사태 등에서 나타나듯 여성을 이기적이고 뻔뻔스러운, 즉, 시민으로서의 자질이 부족한 자들로 그려내는 여성혐오의 언설에 맞서, 오히려 성폭력과 성매매를 일삼는 남성들이 더욱 부도덕하고 문제적인 존재들이라 맞받아치기도 하였습니다.

---

4 배은경, 「'청년세대' 담론과 젠더화를 위한 시론」, 『젠더와 문화』 제8권 1호, 2015, 7-41쪽.

혐오의 언어를 피해가거나 혹은 이를 해체하는 전략이 아닌 그 문법을 수용하고 패러디하는 전략으로서의 '미러링'은 많은 논쟁을 낳기도 하였습니다. 먼저 남성들을 '한남' '씹치남' '갓양남' 등으로 구별하고 평가하는 미러링의 언어들은 '남성혐오'라는 혐의를 받으면서 혐오의 정동을 확산시킨다는 비판을 받았습니다. 이는 미러링에서 나타나는 남성들에 대한 비판이 직설법으로 수용되거나 해석된 결과입니다. 그러나 많은 연구자들이 지적하듯이 혐오의 정동이 생산하는 폭력적 효과는 권력의 위계관계 속에서 가능해지며 따라서 위에서 아래로 향할 수는 있지만 아래에서 위로 향하지는 않습니다.[5] 미러링에서 나타나는 여성의 남성에 대한 비하, 비난, 놀림 등은 실제로 그 대상이 되는 남성에게 상처나 손상을 주기보다는 그 발화의 원본이 되는 여성혐오의 문제적 양상을 드러내거나 교란하는 효과를 갖는다는 지적입니다. 달리 말해 미러링은 패러디적 저항의 특징을 갖습니다.

그리고 패러디적 저항으로서의 미러링의 언어는 여성이 젠더 관계에서의 구조적 약자로 존재하는 한 '혐오'를 직접적으로 생산하기보다는 우리사회에 만연한 성적 권력과 폭력을 폭로하고 드러내는 효과를 갖습니다. 그러나 다른 한편 우리는 미러링의 전략이 패러디적 저항을 선택하면서 결국 그 원본이 되는 '혐오'의 문법을 남겨두었다는 점에 주목할 필요가 있습니다. 메갈리안 주체들은 자신들을 혐오하고 비난하는 〈일간 베스트〉의 민낯을 폭로하였지만 신자유주의적 삶의 풍경

---

5 정희진, 「남성혐오는 가능한가?」, 『인물과 사상』, 인물과사상사, 2015, 110-124쪽.

을 만들어내는 조건이자 과정으로서의 혐오의 정동경제학을 벗어나는 데에는 실패하였습니다.[6] 그리고 이렇게 남겨진 혐오의 문법은 트랜스 여성과 게이 남성의 젠더 실천으로 향하면서 이들을 혐오폭력의 피해자로 만들기도 하였습니다. 이는 〈메갈리아〉 사이트에서 일어난 성 소수자 혐오 발화와 그 논란을 계기로 하여 분리된 〈워마드〉의 등장으로 전개되었습니다. 양보나 타협 없는 한국남성 비판을 내세운 (일부) 메갈리안 유저들은 게이 남성들의 하위문화에서 나타나는 여성 정체성의 차용과 수행, 그리고 트랜스 여성이 지향하거나 표현하는 여성성의 실천을 그 구체적인 역사적 맥락과 문화적 행위성을 무시한 채 이성애 남성의 '여성혐오'와 동일한 행위로 이해하고 또 정의하였습니다. 그리고 이러한 탈맥락적인 이해 속에서 이들은 성 소수자, 특히 게이 남성과 트랜스 여성을 'XX충' 등으로 병리화하고 조롱하기에 이르렀습니다. 잘 알려진 바와 같이 이에 대한 〈메갈리아〉 내부의 갈등은 2015년 겨울, 〈워마드〉의 탄생으로 이어졌습니다. 정치적 올바름에 구애받지 않겠으며 '여성'의 권리와 이해관계만을 최우선으로 삼겠다고 선언한 〈워마드〉는 분리주의와 여성 우월주의를 지향하면서 퀴어 정치학이나 여타의 진보 정치학과의 단호한 분리를 주장하였습니다.[7] 이들은 여성뿐 아니라 장애인, 노동자, 성 소수자, 이주민 등과의 연대의 정치학을

---

6 김보명, 「혐오의 정동경제학과 페미니스트 저항」, 『한국여성학』 제34권 1호, 한국여성학회, 2018, 1-31쪽.

7 김리나, 「메갈리안들의 '여성' 범주 기획과 연대」, 『한국여성학』 제33권 3호, 한국여성학회, 2017, 109-140쪽.

지향하거나 성노동을 이야기하는 페미니즘에 대해 '교차성' 페미니즘, '쓰까' 페미니즘, 혹은 '자유주의' 페미니즘이라 명명하면서 비판하기도 하였습니다. 페미니즘은 일차적으로 여성으로서의 정체성에 기반하고 또 여성의 이해관계를 철저히 추구해야 하는데 현재의 한국 여성운동이 페미니즘의 일차적 대상이 아닌 집단의 인권을 위해 자신의 역량을 '낭비'하면서 정작 페미니즘의 가장 중요한 '당사자'인 여성들의 인권을 무시하고 있다는 주장입니다. 동시에 이들은 오로지 순수하게 '여성'만을 위한 실천을 내세우는 자신들의 페미니즘을 '급진' 페미니즘이라 이름 붙이기도 하였습니다.

그렇다면 과연 페미니즘이 '여성'과 맺는 관계는 무엇일까요? 페미니즘은 이미 주어진 사회 안에서 여성의 권력과 이해관계를 추구하는 실천일까요? 혹은 반대로 우리가 살아가는 세계와 그 안에서 조건 지어진 여성으로서의 정체성과 삶을 비판적으로 인식하고 변화시켜나가는 실천일까요? 흔히 정체성의 정치학으로 분류되기도 하는 제2물결 페미니즘의 여성해방운동에서, '여성'은 어떻게 의미화되고 실천되었을까요? 과연 '급진적'인 페미니스트 정치학은 어떤 모습일 수 있으며, 여기에서 '여성'은 또 어떤 위상을 가질까요? 보다 넓게 질문하자면, 페미니즘에서 이야기되는 '여성'은 도대체 누구, 혹은 무엇일까요? 이 여성은 단지 생물학적 성과 신체로 규정될 수 있을까요? 아니라면 도대체 '여성'은 어떻게 정의될 수 있을까요? 그리고 '여성'의 경험과 이해관계를 페미니스트 정치학의 최우선으로 삼고 다른 소수자들과의 연대를 배제하는 페미니즘은 과연 '급진' 페미니즘(Radical Feminism) 혹은 '급진적인' 페미니스트 정치학(feminist radical politics)일까요? 그러한 정치학은 우리 시대의 여성들이 당면하는 다양한 삶의 문제들에 대해 적절한 대안을 제기할 수 있을까요? '교차성' 페미니즘은 과연 그들이 주장하거나 우려하는 것처럼 여성운동의 역량을 소진하거나 페미니즘의 주체로서의 '여성'을 해체하는 문제적인 정치학일까요? 네, 아마도 이러한 질문들은 그저 이론이나 사유만을 통해서 대답될 수는 없을 것입니다. 페미니즘이란 결국 각각의 구체적인 시공간 속에서 스스로를 저항적 주체로 인식하는 '여성들'과 그들을 지지하는 이들이 만들어내는 특정한 실천이며, 따라서 그 실천의 의미와 효과를 통해서만 정의되고 평가될 수 있기 때문입니다. 다만 우리는 여기에서 위의 질문들에 대한 답을 고민하는 시작으로서 '교차성' 페미니즘이 등장한 역사적 배경과 그 이론적 계보를 살펴보고자 합니다.

3. 미국 제2물결 페미니즘의 역사적 한계

다음 절에서 자세히 살펴보겠지만 교차(intersection)라는 비유 혹은 교차성(intersectionality)이라는 개념은 흑인 페미니스트 법학자인 킴벌리 크렌쇼가 1989년과 1991년에 출판한 논문인 「인종과 성의 교차를 주류화하기」("Demarginalizing the Intersection of Race and Sex")와 「주변부들을 지형화하기: 교차성, 정체성의 정치학, 그리고 유색인종 여성에 대한 폭력」("Mapping the Margins: Intersectionality, Identity Politics,

and Violence against Women of Color")에서 등장하였습니다.[8] 두 개의
논문을 통해 크렌쇼는 흑인여성과 유색인종 여성들의 경험, 정체성,
이해관계가 여성운동과 흑인 운동 및 유색인종 운동 모두에서 침묵 혹
은 배제되고 있는 모순에 주목하고 있습니다.

이 논문들에서 크렌쇼가 제기하는 질문은 간단히 요약하자면 다음
과 같습니다. 왜 '여성'이자 '흑인'이면서 성차별과 인종차별 '모두'를 경
험하는 흑인여성이 페미니즘에서도, 그리고 흑인 해방운동에서도 제
대로 대변 및 재현되지 못하는 걸까? 두 개의 정체성 모두를 경험하고
살아내고 두 가지 억압 모두에 의해 고통받지만 어느 정치학에 의해서
도 제대로 대표되지 못하는 흑인여성들이 마주하는 이 곤궁함 혹은 모
순은 어떻게 이해되고 해결될 수 있을까? 두 개의 정체성의 겹침 속에
서, 그리고 두 개의 정치학의 분화 속에서 '공백'으로 남아있게 되는 흑
인여성들의 경험과 이해관계는 어떻게 포착되고 언어화될 수 있을 것
인가? 크렌쇼는 이러한 질문의 과정에서 교차성의 개념을 고안하고 또
다듬어 나갔습니다. 그리고 이후 교차성은 젠더 정치학으로 포괄될 수
없는 다양한 인종적, 계층적, 신체적, 성적, 문화적, 종교적 차이들과
페미니즘 간의 다층적인 관계들을 비판적으로 사유하는 분석의 틀로
수용 및 확장되어 왔습니다.

1990년대 들어 교차성의 정치학이 부상하게 된 배경을 이해하기 위

---

8 Crenshaw, Kimberlé, "Demarginalizing the Intersection of Race and Sex", *University of Chicago Legal Forum* Vol. 1989: Issue 1, Article 8, pp. 139-167; Crenshaw, Kimberlé, "Mapping the Margins", *Stanford Law Review* vol.43,1991, pp. 1241-1299.

해서 우리는 잠깐 1960년대와 1970년대의 미국 여성운동과 흑인운동, 즉 제2물결 페미니즘과 흑인민권운동 및 블랙파워운동의 역사를 잠깐 되돌아볼 필요가 있습니다. 이는 교차성의 정치학이 등장하게 된 배경에 여성운동의 백인 중심성과 흑인운동의 남성 중심성이 놓여 있기 때문입니다. 달리 말해, 백인여성의 역사를 중심으로 '여성'의 경험을 구성하는 여성운동과 흑인남성의 입장을 중심으로 '흑인'의 경험을 구성하는 흑인운동 사이에서 흑인여성의 경험은 침묵되었으며, 이러한 침묵과 공백을 뚫고 나오는 저항의 실천이 바로 교차성의 정치학으로 나타났습니다.

그렇다면 1960년대와 1970년대 미국사회의 진보 정치학에서 흑인여성들의 경험, 정체성, 이해관계는 왜, 그리고 어떻게 주변화되었을까요? 먼저 제2물결 페미니즘의 대표적인 흐름이었던 자유주의 페미니즘과 급진 페미니즘의 사례를, 우리가 잘 알고 있는 베티 프리단의 『여성의 신비』와 슐라미스 파이어스톤의 『성의 변증법』을 통해 살펴보도록 하겠습니다. 프리단과 파이어스톤은 제2물결 페미니즘의 대표적인 활동가이자 저자였으며 이들의 정치학은 당대 여성운동의 지향을 잘 보여주고 있기 때문입니다.

먼저 1963년에 출판된 프리단의 『여성의 신비』는 교외 지역에 사는 전업주부 여성들이 경험하는 소외와 정체성의 혼란을 잘 묘사함으로써 동시대 여성들의 폭발적인 호응을 얻었으며 이후 프리단이 〈전미여성연합(NOW)〉의 리더로 떠오르게 되는 배경이 되기도 하였습니다.[9] 이 책에서 프리단은 전업주부 여성의 삶이 남편과 자녀를 중심으로 구성되면서 생겨나는 문제들을 생생하게 묘사하고 있습니다. 즉 자기 자신의 목표나 이상이 아닌 다른 이들을 보살피는 재생산 노동자로 살아가는 여성들이 경험하는 자아의 공백과 정체성의 혼란이 그것입니다. 프리단은 실제 인터뷰를 통해 전업주부 여성들이 우울과 불안을 호소하면서 정신과 상담을 받는 사례들을 보여주었습니다. 이들은 하루 종일 집안을 돌보거나 가벼운 봉사활동을 하면서, 그리고 자신의 여성적 매력을 관리하고 지역의 봉사활동에 참여하면서 매우 바쁜 하루를 보내지만 정작 그 바쁜 삶 속에서 설명할 수 없는 공허감을 경험하였습니다. 왜냐하면 그 모든 활동과 노력이 결국 스스로의 선택이 아닌 문화적 규범에의 순응이었으며, 또한 스스로를 위한 것이 아닌 다른 이들을 위한 노동이었기 때문입니다. 하루 종일 바쁘지만 텅 빈 듯 느껴지는 삶, 누가 보기에도 행복해야 하지만 당사자는 행복하지 않은, 하지만 왜 행복하지 않은지 이해하거나 설명할 수 없는 상태. 프리단은 자신이 '이름 없는 문제'로 지칭한 이 문제가 결국 공사영역의 분리와 젠더 이분법, 그리고 그것이 초래하는 여성의 이등시민적 지위로부터 비롯된다고 보았습니다. 가족이라는 사적 영역에 고립되고 자신의 삶을 남편과 아이들을 중심으로 구성하는 이 여성들은 결국 자아의 공백과 혼란을 경험할 수밖에 없다는 진단입니다. 그리고 프리단은 여성들

---

9 Friedan, Betty, *The Feminine Mystique*, New York: W.W. Norton, 1963.

이 이러한 심리적 혼란과 정체성의 위기로부터 벗어나기 위해서는 교육과 노동, 그리고 시민적 영역에서 자신의 자아를 실현할 수 있는 활동에 참여함으로써 이들이 가정에서 상실한 '개인성'(individuality)을 되찾아야 한다고 제시하였습니다.

프리단의 진단은 분명 동시대의 많은 여성들이 경험하였지만 문화적 낙인으로 인해 말하지 못했던 중산층 전업주부들의 위기를 드러내었으며, 그로 인해 미국 전 지역의 여성들로부터 열광적인 호응과 감사의 표현을 담은 편지들을 받기도 하였습니다. 그리고 여성들이 경험하는 '이름없는 문제'에 대한 프리단의 문제제기와 그에 대한 대안은 이후 "여성의 미국 주류사회로의 통합"을 그 목적으로 내세우고 노동시장과 교육, 문화, 정치 등에서의 여성에 대한 차별을 제도적으로 개혁해 나간 〈전미여성연합〉(NOW, National Organization for Women)의 출범으로 현실화되었습니다. 〈전미여성연합〉은 여성들의 사회적 활동을 가로막는 제도적, 문화적 장벽을 철폐하는 데 주력하였으며 이를 통해 (중산층) 여성들의 지위 상승을 이루어냈습니다.

한편, 프리단이 서술한 '이름없는 문제'는 분명 당대의 많은 여성들의 현실이었지만 '모든' 여성들의 현실은 아니었습니다. 많은 역사학자들이 지적하듯이 20세기 전반기에 일어난 두 번의 세계대전은 여성들의 노동시장 진출을 촉진하였으며 1960년대의 미국사회에서 많은 여성들이 이미 임금노동시장에 어떤 형식으로든 참여하고 있었기 때문입니다. 비록 이들은 임시직, 저임금, 단순제조 및 서비스업 등에 제한되어 있었던 경우가 많았고 전문직과 고임금 직종으로부터 배제되었지만 말입니다. 프리단 자신 또한 결혼 전에 신문사에서 저널리스트로 일하였으며 결혼 후에도 프리랜서 기고가로서의 활동을 이어갔습니다. 다만 프리단은 그것이 자신의 역량이나 잠재력을 최대한 키우고 발현하는, 따라서 자아의 성장을 가능하게 하는 직업이 아니었다고 느꼈던 듯합니다. 그리고 프리단이 요구했던 직업들은 사실 저임금의 단순노동이 아닌, 개인의 자아실현이 가능하고 생애사적으로 발전할 수 있는 일, 즉 커리어를 의미했다는 점도 지적될 필요는 있겠습니다.

프리단의 저서와 〈전미여성연합〉의 운동, 그리고 그와 맞물려 일어난 1960년대 이후 여성 노동시장의 변화에 대한 대중적 서사는, 종종 우리가 미국 여성들의 진보와 그것을 만들어낸 페미니즘의 성과를 중산층 백인 여성들의 이야기로 축소 혹은 환원하는 실수를 저지르게 합니다. 즉, 페미니즘의 이전의 미국 여성들은 가정에 고립되어 정체성의 위기를 경험하였지만 페미니즘의 도래와 함께 이들은 노동시장과 사회활동의 영역으로 해방되었다는 서사입니다. 이러한 해방의 서사는 앞서 언급한 바와 같이 비-백인 여성들이나 백인 노동자 여성들의 경험과는 사뭇 다릅니다. 전업주부는 역사적으로 볼 때도 매우 짧은 시기에만 가능하고 또 지배적이었던 여성성의 모델이기도 합니다. 이는 전업주부와 가부장적 이성애 가족 모델이 특정한 경제체제와 성별체제, 즉 가족임금을 지급할 수 있는 포디즘적 자본주의와 성별 이분법을 만들어내는 가부장적 이성애 모델을 필요로 하기 때문입니다. 공사영역의 분리와 젠더 이분법에 기반한 여성의 가정성(domesticity)이라는 규범은 결국 이미, 그리고 어쩌면 언제나 노동시장에 있었던 흑인여성들, 이주민여성들, 싱글맘, 가난한 백인 여성들의 경우 현실이 아니었습니다. 어떤 면에서 백인여성들의 가정에서 가사도우미나 보모 등으로 일해야 했던 흑인여성들과 이주민여성들에게 있어서 이러한 전업주부의 삶과 여성성의 이상은 경제적, 문화적 특권으로 느껴지기도 하였을 것입니다.

예를 들어 1969년에 작성된 「이중의 곤경」("Double Jeopardy")이라는 글에서 흑인 민권운동가이자 페미니스트인 프랜시스 빌(Frances Beal)은 흑인남성 생계부양자의 부재 속에서 생계부양과 공동체 재생산이라는 이중의 부담을 안고 있는 흑인여성들이 동시에 '가모장'이라는 문화적 낙인을 경험하는 모순에 주목합니다. 빌은 이 글에서 또한 1960년대 중반에 논쟁의 대상이 되었던 정부 보고서 『흑인 가족: 국가적 행동을 위한 사례』(The Negro Family: The Case For National Action)에 대한 비판적 독해를 제시하고 있습니다. 모예니안 리포트(The Moynihan Report)라고 불리기도 했던 이 정부 보고서는 흑인 공동체의 가난과 범죄의 원인을 흑인공동체 내에서의 남성가장의 부재와 흑인여성들의 강인함에서 찾으면서 흑인사회의 가족 구성과 실천을 병리적인 것으로 묘사하였습니다. 흑인여성들이 너무 강하고 목소리가 커서 남성들을 쫓아내고 가정을 지배한다는 '가모장제' 신화는 오랫동안 흑인여성들의 능동성을 억압하는 문화적 기제로 작동하였습니다. 그러나 빌이 지적하듯이 이러한 문화적 낙인은 흑인남성들과 흑인여성들이 놓인 고유한 사회문화적 위치에 대한 주류사회의 (의도적) 무지와 편견으로부터 비롯되었습니다. 흑인남성들에게 적절한 임금 수준의 일자리를 제공하지 않았던 당시 미국 사회에서 이들은 생계부양자로서의 역할을 수행하기 어려웠으며 이러한 노동시장에서의 인종적 차별은 결과적으로 흑인여성들이 생계부양자이자 양육자로서의 이중적 부담을 감당하게 했기 때문입니다.

이러한 시대적 맥락을 고려할 때 프리단이 제시한 여성의 해방이자 자아실현의 과정으로서의 '커리어 우먼'이라는 생애 모델은 당시 저임금 노동력으로 고용되었던 유색인종 여성이나 가난한 백인여성들에게 와닿기 어려웠습니다. 당시 백인 중산층 가정에 '보모'나 '하녀'로 고용되기도 했던 많은 흑인여성들에게 있어서 백인 중산층 전업주부들이 억압으로 묘사하는 '가정성'이라는 문화적 규범은 이들이 '주부'가 아닌 '노동자'로서 매일같이 생산해내는 문화적 이상이었기 때문입니다. 역사적으로 볼 때 흑인여성들에게 있어서 '노동'은 노예제 시절로부터 해방 이후에 이르기까지 주로 고통과 착취의 영역이었던 반면 '가정'은 오히려 성취하거나 유지하기 힘든 대상이었습니다. 우리가 잘 알고 있듯이 노예제 시절 흑인여성들은 성적 자율권을 보장받지도 못했고 '아내'나 '어머니'로서의 권리를 요구할 수도 없었습니다. 이들은 백인 노예주들의 성적 폭력의 대상이 되었으며, 노예들의 결혼과 출산은 서로 간의 사랑의 결과이기도 하였지만 동시에 노예들의 도망을 방지하고 더 많은 노예들을 얻기 위한 노예주의 전략이기도 하였습니다. 또한 해방 이후에도 흑인여성들은 절대적 빈곤과 인종차별을 경험하였으며, 많은 이들이 여전히 백인 농장에서 일하거나 백인 가정의 보모, 요리사, 청소부로 고용되었습니다.

잠깐 영화를 통해 이 역사를 되돌아볼까 합니다. 몇 년 전 개봉한 영화 〈The Help〉가 그것입니다. 이 영화는 1960년대 중반 미국 남부지역에서 일어난 흑인여성 가사도우미 노동자들의 저항과 이를 책으로써 내면서 저널리스트로서의 커리어를 시작하게 되는 '스키터'라는 젊은 백인여성 주인공을 묘사하면서 당대의 상황을 잘 그려내고 있습니다. 여기에서 주인공 '스키터'는 보수적인 남부지역에서 성장하였지만 남녀평등과 인종평등을 믿는 진보적인 여성이며, 자신을 키워준 흑인 보모에게 깊은 애정을 보이고 이 보모를 해고한 자신의 어머니에게 분노하기도 합니다. 마틴 루터 킹 목사와 그 지지자들이 주도한 흑인민권운동의 시대를 배경으로 삼는 이 영화에서 주인공은 자신의 집에서 그리고 주변의 백인 가정에서 일하는 흑인여성 가사도우미들이 부당한 대우를 받고 있음을 보고 그 현실을 폭로하는 책을 쓰게 됩니다. 이 과정에서 그간 백인여성들로부터 오는 모욕과 착취를 묵묵히 견뎌내던 흑인여성들의 다양한 방식의 저항을 보여주기도 합니다. 그리고 영화의 끝에서 주인공은 영화와 같은 제목이자 실제로 영화의 원본이 된 소설 *The Help*라는 저널리즘적 서적을 출판하고 그로 인해 자신이 그토록 원하였지만 '여성'이라는 이유로 거부당했던 뉴욕의 언론사에 취직하게 됩니다. 그리고 흑인여성들은 같은 곳에 남아 여전히 백인 가정을 위해 식사를 준비하고, 화장실을 청소하고, 아이를 키우는 삶을 살아가는 것으로 영화는 끝을 맺습니다. 결론적으로 이 영화에서 백인 페미니스트 주체의 탄생과 흑인여성 노동자들의 삶은, 이들의 저항적 연대를 통해 잠깐 교차하였지만 결국 서로 다른 생애사적, 역사적 경로를 택하게 됩니다. 조금 냉정하게 말하자면 이 이야기에서 흑인여성들의 경험과 저항은 결국 '스키터'가 커리어우먼으로서 자신의 미래를 개척할 수 있는 자양분으로 활용되었다고도 할 수 있습니다. '가정'이라는 영역과 이에 저항하는 주체로서의 (자유주의) 페미니스트의 탄생이 어떻게 인종적, 계층적 차이와 맞물리는지를 잘 보여주는 사례라 할 수 있습니다.

그렇다면 급진 페미니스트 정치학은 왜, 그리고 어떻게 흑인여성들의 경험과 배치되었을까요? 물론 미국 급진 페미니즘의 역사에는 슐라미스 파이어스톤이나 케이트 밀렛, 그리고 로빈 모건, 타이-그레이스 앳킨슨, 케이시 사라차일드 등과 같은 수많은 저자들과 활동가들이 등장하기에 이들을 단일한 입장으로 설명하기는 어렵습니다. 예를 들어 파이어스톤은 여성 억압이 이성애적 성과 재생산 가족에 그 물질적 뿌리를 두며 따라서 임신, 출산, 양육과 같은 재생산 노동을 사회화함으로써 궁극적으로는 성적 차이 자체가 무의미한 대안적 세계를 만들어야 한다고 주장한 반면 모건이나 사라차일드 등은 여성들의 공통된 경험과 정체성으로부터 나올 수 있는 저항의 정치학에 보다 관심을 두었습니다. 달리 말해 제2물결 페미니즘에서 급진 페미니스트 집단 내에 다양한 입장의 차이들이 존재하였으며, 이러한 차이들은 1970년대 중반 이후 문화 페미니즘 운동의 대중적 확산으로 더욱 뚜렷해졌습니다. 하지만 우리는 급진 페미니스트 정치학이 여성을 하나의 억압된 계층, 즉 성-계급으로 정의하였으며, 그 억압의 기원을 여성의 세계사적 패배와 그로부터 형성된 이성애 가족제도, 그리고 그것이 강제하는 재생산적 성(reproductive sexuality)으로부터 찾았다고 말할 수 있겠습니다. 이런 면에서 볼 때 급진 페미니스트 정치학은 분명 제도적, 문화적 차별의 해소를 통해 여성이 미국 주류사회로 통합될 수 있기를 원했던 자유주의 페미니즘의 정치학과는 구별됩니다. 급진 페미니스트들은 자유주의 페미니스트들과 달리 제도나 문화와 같은 '표면'에서의 변화나 개혁이 아니라 여성억압의 근본적 뿌리, 즉 가부장적 이성애를 폐지 혹은 해체하는 데에서 여성 해방의 가능성을 찾았습니다. 이러한 맥락에서 볼 때 급진 페미니스트 정치학의 역사에서 중요한 부분을 차지한 레즈비언 분리주의와 정치적 레즈비어니즘은 이성애적 가족제도와 성적 억압에 대한 저항이 가장 선명하고 전투적인 언어 및 실천으로 표현된 결과로 이해될 수 있습니다.

급진 페미니스트 정치학은 많은 선언문들과 텍스트들을 생산하였습니다. 이 중 가장 대표적인 파이어스톤의 『성의 변증법』은 급진 페미니스트 정치학을 이론적으로 재구성하였습니다.[10] 파이어스톤은 이 책의 첫 번째 장에서 마르스크주의의 역사 유물론을 급진 페미니스트 관점에서 새롭게 읽어내면서 여성억압의 역사적 기원을 여성의 임신과 출산에 대한 사회적 통제, 즉 이성애 가족과 재생산적 성으로부터 찾아냅니다. 즉 여성억압은 생물학적 섹스에 토대를 두는 성적 실천으로서의 이성애 실천, 그리고 이를 수행하는 제도로서의 이성애 가족으로

---

10 Firestone, Shulamith, *The Dialectic of Sex*, New York: Farrar, Straus and Giroux, 1970.

부터 비롯된다는 분석입니다. 덧붙여 파이어스톤과 그의 급진 페미니스트 정치학에서 임신과 출산이라는 생물학적 역량 혹은 기능, 그리고 그에 대한 사회적 통제는 여성 억압이 단지 상징적, 문화적, 심리적 차원에서 비롯되는 것이 아니라 '물질적' 토대를 갖는 역사적 현실임을 의미하였습니다. 그리고, 익히 알려진 바와 같이, 파이어스톤은 이러한 분석을 전제로 하여 생물학적 가족이라는 독재를 철폐하는 대안으로서 인공재생산 기술의 도입과 양육의 사회화를 요구하였습니다. 이후 많은 페미니스트 공상과학 영화의 테마를 제공하기도 한 파이어스톤의 이러한 제안은 그 현실성 여부와 별개로 후대의 많은 여성들과 페미니스트들, 그리고 과학기술에 대한 비판적 연구자들에게 급진적 영감을 주었습니다.

급진 페미니스트들의 이성애에 대한 비판은 또한 레즈비언 분리주의나 여성분리 공간을 만들어내는 문화 페미니즘의 등장으로 이어지기도 하였습니다. "페미니즘이 이론이라면 레즈비어니즘은 실천이다"라는 유명한 문구에서 나타나듯, 이들은 급진 페미니스트 정치학의 궁극적 도달점은 남성과 이성애로부터의 급진적 단절이라고 보았습니다. 여성간의 친밀성을 성적 선택일 뿐 아니라 정치적 선택이라 주장한 〈급진적 레즈비언〉(Radicalesbians)의 등장과 〈여성으로 정체화하는 여성〉(Woman Identified Woman)이라는 선언문의 등장, 그리고 여성들만의 분리공동체를 직접 실험하고 살아낸 〈더 퓨리스〉(The Furies)의 등장이 그 역사적 사례들이 됩니다. 이러한 실험들은 짧게 지속되었지만 이후 40여년 지속된 〈미시간 여성음악축제〉(Michigan Womyn's

Music Festival)나 여성쉼터 운동 등으로 그 실천적 계보가 이어지기도 하였습니다.[11]

그렇다면 흑인여성들이나 이주민여성들이 급진 페미니스트 정치학에 크게 공감할 수 없었던 이유는 무엇일까요? 그 이유는 앞서 언급한 『여성의 신비』의 사례에서와 마찬가지로 역사적 경험의 차이에서 설명됩니다. 정상적인 이성애 가족의 삶을 유지하는 것이 문화적으로 당연시된 규범이자 억압이었던 백인 중산층 여성들의 역사와 달리, 흑인여성들과 이주민여성들은 이 '정상가족'을 이루거나 지키기 위해서 오랫동안 투쟁해 온 역사적 경험을 갖기 때문입니다. 흑인여성들과 저소득 여성들에게 행해졌던 강제적인 불임시술(forced sterilization)은 이들이 백인여성들과 또 다른 맥락에서 재생산권에 대한 침해를 경험하였음을 보여주는 대표적인 사례입니다. 흑인여성들과 백인여성들 간의 이러한 역사적 경험의 차이는 또한 1960년대 후반 당시 흑인운동을 주도하였던 블랙파워운동이 내세운 흑인여성들의 모성적 역할에 대한 요구와 이에 대한 흑인여성 페미니스트들의 비판에서도 나타납니다. 비폭력 저항에 근거한 시민권의 정치학을 내세웠던 흑인민권운동과 달리 전투적이고 민족주의적인 분리주의 노선을 내세운 블랙파워운동은 흑인들에 대한 백인들의 경제적, 문화적, 정치적 지배를 제노사이드에 비유하면서 흑인여성들에게 공동체의 존속을 위한 출산과

---

11 분리주의 페미니즘이 등장한 배경에 대한 설명과 분석은 미국 페미니스트 역사학자이자 문화연구자인 알리스 애클스의 저서 『나쁜 여자 전성시대』(Daring to be Bad)에 구체적으로 잘 나타나 있다.

양육에 헌신할 것을 요구하였습니다. 이러한 요구에 대해 흑인여성 페미니스트인 프랜시스 빌(Frances Beal)은 흑인여성들이 더 이상 '맨발로 부엌에서 일하고 아이를 낳고 키우는' 삶에 속박되지 않아야 하며, 흑인해방운동의 역사적 변곡점에서 흑인남성들과 대등한 혁명의 주체가 되어야 한다고 받아치기도 하였습니다.[12] 그러나 당시 강력한 대안으로 부상하던 블랙파워운동의 민족주의적 정치학은 흑인여성들이 이성애제도와의 단절을 전면에 내세운 급진 페미니스트 정치학과 연대하기 어렵게 하였습니다. 그리고 무엇보다도 흑인여성들은 자신들과 함께 인종차별의 억압과 자본주의의 차별을 경험해 온 흑인남성들을 단순히 성적 지배자 혹은 억압자로만 정의하는 데 동의할 수 없었으며, 어머니나 아내로서의 혹은 여성으로서의 보호나 특권 또한 누리지 못했던 흑인여성들이 만들어낸 성적 해방의 모습은 백인 여성들의 그것과 다를 수밖에 없음을 인식하였습니다. 이들에게는 흑인 해방운동의 민족주의 정치학과 그것이 요구하는 어머니 역할도 아닌, 그렇다고 임신과 출산을 비롯한 이성애적 실천 전반을 거부하는 분리주의적 선언도 아닌, 대안적인 성 정치학이 필요했습니다.

1977년에 작성된 것으로 알려진 성차별, 인종차별, 자본주의, 제국주의 모두에 반대하는 사회주의자 흑인여성 레즈비언 페미니스트 공동체인 컴바히강 공동체의 선언문은 1960년대의 진보운동의 틈새들

---

12 Beal, France, "Double Jeopardy" in Toni Cade Bambara ed., *The Black Woman*, New York: Washington Square Press, 1970.

사이에서, 그리고 그 공백들을 가로질러 형성된 교차적 정치학의 언어를 보여주었습니다.[13] 이들은 1970년대 당시 논쟁의 대상이 되었던 레즈비언 분리주의 정치학에 대해 비판적인 입장을 보이면서 흑인남성들이 적이 아닌 연대의 대상일 수 있음을 선언하였습니다. 이는 흑인남성들 또한 자본주의의 억압과 인종차별을 경험하는 소수자라는 인식에서 비롯되었습니다. 그리고 무엇보다도 이들은 흑인여성들이 경험하는 차별과 억압이 흑인남성들 자체로부터 비롯되기보다는 인종주의, 자본주의, 제국주의, 가부장제와 같은 억압의 구조들로부터 비롯됨을 인식하고 있었습니다. 컴바히강 공동체의 선언문에서 우리는 급진적 페미니스트 저항이 정체성 자체를 물신화하는 것이 아니라 그 정체성이 형성되는 역사적 조건을 비판적으로 고찰하고 이로부터 우리의 정체성을 급진적으로 정치화하는 실천임을 다시 한 번 생각하게 됩니다.

4. 흑인이자 여성이지만, 흑인도 여성도 아닌, 흑인여성들

1982년에 출판된 흑인여성 페미니스트들의 앤솔로지의 제목인 『여자는 다 백인이고 흑인은 다 남자지만 우리들 중 누군가는 용감하다』(*All the Women are White, All the Black are Men, But Some of Us are Brave*)는 교차성의 정치학을 잘 담아내고 있습니다.[14] 여기에는 여성들

---

13 Combahee River Collective, *A Black Feminist Statement*, Kitchen Table: Women of Color Press, 1987.

14 Hull, Akasha Gloria, Barbara Smith, and Patricia Bell-Scott, eds., *But Some of Us are*

은 모두 백인이며, 흑인들은 모두 남자이기에, 여성이자 흑인인 우리는 재현의 공백과 불가능성을 용감하게 헤쳐 나가야 한다는 인식이 담겨 있기 때문입니다. 교차성의 영역에 존재하는 흑인여성들의 경험과 이해관계는 '흑인성'만으로, 그렇다고 '여성성'만으로도 재현될 수 없었으며 이들의 목소리를 대변하기 위해서는 기존의 인종 정치학과 젠더 정치학 모두를 허물고 새로 지을 수 있는, 그리고 무엇보다도 그 재구성의 과정이 초래하는 불확실성과 취약성을 두려워하지 않는 이론적, 실천적 용기가 요구되었습니다.

1980년대 후반에 등장하여 곧 미국 여성학의 중요한 전환점을 만들어낸 교차성의 정치학은 기존의 진보 운동에서 주변화되었던 흑인여성들과 유색인종 여성들의 목소리로부터 시작되었습니다. '교차'라는 표현은 미국의 흑인여성 법학자인 킴벌리 크렌쇼가 1989년에 발표한 「인종과 성의 교차를 주류화하기」라는 제목의 논문에서 사용되었습니다. 그리고 2년 후 발표된 논문 「주변부들을 지형화하기: 교차성, 정체성의 정치학, 그리고 유색인종 여성에 대한 폭력」에서 이는 '교차성'이라는 분석적 관점으로 정교화되었습니다. 그렇다면 '교차'나 '교차성'은 어떤 의미이며, 왜 페미니스트 정치학의 중요한 이론적, 실천적 개념일까요? 이 질문들에 답하기 위한 단서를 찾기 위해 아래에서는 크렌쇼의 1989년 논문을 자세히 살펴보도록 하겠습니다.

1989년의 논문에서 크렌쇼는 인종이나 젠더 하나만을 고려하는 단

Brave, New York: Feminist Press, 1982.

일축 분석틀(a single-axis framework)에 토대를 두는 흑인운동과 여성운동 모두를 각각 비판적으로 읽어내면서 흑인여성이 두 정치학의 단일축 분석틀 사이의 '교차로'에서 피해를 입고 있음을 밝혀냈습니다. 흑인여성은 흑인이자 여성이기에 인종차별과 성차별 모두로부터 피해를 입지만 각각 (흑인) 남성 중심으로 구성된 인종 정치학과 백인 (여성) 중심으로 구성된 페미니즘 정치학은 이들의 경험과 이해관계를 배제하거나 왜곡하면서 흑인여성을 언어와 대표성의 '공백'에 남겨둔다는 지적입니다. 크렌쇼는 이어서 1991년에 발표한 논문에서 이를 각각 구조적 교차성(structural intersectionality)과 정치적 교차성(political intersectionality)으로 이름 붙이기도 하였습니다. 전자가 억압의 축들이 교차하는 구조적 양상을 지칭한다면 후자는 단일축 분석틀을 활용하는 소수자 운동의 정치학들 간의 충돌을 의미합니다. 예를 들어 흑인여성이 경험하는 노동시장에서의 차별은 인종차별과 성차별의 구조적 교차 속에서 일어나지만 막상 흑인여성이 그 차별로 인한 피해를 구제받고자 할 때는 인종 정치학과 젠더 정치학의 정치적 충돌 속에서 양쪽 모두에게서 배제되는 모순적 상황이 발생합니다. 크렌쇼는 이러한 모순적 현실을 몇 가지 구체적 사례들을 통해 밝혀냅니다.

먼저 크렌쇼가 1989년의 논문에서 분석하고 있는 세 가지 노동차별 소송 사례들, 즉 제너럴 모터스, 휴즈 헬리콥터사, 트레브놀 제약사를 상대로 흑인여성들이 제기한 차별 소송들과 그에 대한 법원의 결정들을 같이 살펴보겠습니다. 이 세 가지 소송 모두에서 흑인여성들은 백인여성이나 흑인남성들이 경험하지 않는 고용 및 승진에서의 제약을 경험하였으며, 이를 구제받기 위해 민사소송을 제기하였지만 법원은 이를 인정하지 않았습니다.

먼저 제너럴 모터스의 사례에서 흑인여성들은 제너럴 모터스의 흑인여성들에 대한 일괄해고와 그 근거가 된 '근속년수 체계'(seniority system)가 흑인여성에 대한 역사적 차별을 영속화한다고 주장하였습니다.[15] 미국의 해고 관행에는 "가장 늦게 고용된 자가 먼저 해고된다(Last hired, first fired)"는 문구로 표현되는 근속년수에 따른 고용보호 관행이 있습니다. 하지만 인종차별과 성차별로 인해 백인남성, 백인여성, 흑인남성보다 뒤늦게 사무직에 취업할 수 있었던 흑인여성들에게 있어서 이러한 관행은 구조적 차별로 작용하게 됩니다. 실제로 제너럴 모터스는 성별, 인종, 출신 국가 등에 따른 차별을 금지하는 민권법이 제정된 1964년 이전까지 흑인여성을 고용하지 않았으며, 1970년대 이후에야 고용된 흑인여성들은 이어진 1980년대의 경기침체 속에서 모두 해고되었습니다. 그리고 이렇게 일괄적으로 해고된 흑인여성들은 제너럴 모터스의 결정이 차별임을 주장하였으나 민권법에 의해 구제될 수 없다는 답변을 들어야 했습니다.

제너럴 모터스에 대해 제기된 흑인 여성들의 차별 소송을 다룬 해당 법정은 다음과 같이 응답하면서 '흑인여성'이 그 자체로 차별로부터 보호되어야 할 특별한 집단으로 구성될 수 없다고 선언하였습니다.

---

15 Crenshaw(1989), *op. cit.*, p. 141.

원고 측은 흑인여성들이 차별로부터 보호되어야 하는 특별한 집단(a special class)임을 서술하는 판례를 인용하지 못하였다. 법원의 자체적인 연구 또한 그러한 판례를 찾지 못했다. 원고 측이 차별을 받았다면 당연히 구제되어야 한다. 그러나 원고 측은 관련 조항들을 작성한 이들이 의도한 바를 넘어서는 어떤 해결을 내놓는 새로운 '강력한-구제'(super-remedy)를 만들어내기 위해 법에 규정된 구제책들을 결합하는 것을 허락할 수는 없다. 따라서 이 소송에서 우리는 그것이 인종 차별이나 성차별을 주장할 수 있는 근거가 되는 행위(cause of action)를 서술하는지를 살펴야 하며, 둘 중의 어느 쪽이든 괜찮지만 둘 모두의 결합일 수는 없다.(Crenshaw, 1989: 141)

위에 나타난 법원의 답변은 민권법에서 정의된 차별은 인종과 성을 각각 독립된 범주로 다루며 따라서 흑인여성은 둘 중 하나의 범주를 통해 차별을 주장할 수는 있지만 둘을 '결합'할 수는 없음을 강조하고 있습니다. 즉 흑인여성은 '흑인'으로 인종차별의 피해를 입증하거나 혹은 '여성'으로 성차별을 입증해야 한다는 것입니다. 법원의 답변을 인용하자면 '흑인여성'을 하나의 독립된, 혹은 특별한 집단으로 인정하는 것은 "판도라의 상자를 여는 것"과 같은 파장을 예고하였습니다. 즉, 인종이나 성별 등과 같은 단일 정체성이 아닌 다양하게 '중첩된' 정체성과 그에 따른 피해를 경험하는 소수자 집단들이 무수하게 등장할 수 있다는 우려일 것입니다.

보다 더 문제적으로 법원은 백인여성을 기준이 되는 참조대상으로 삼으면서 흑인여성들에 대한 성차별의 가능성을 기각하였습니다. 제너럴 모터스는 1964년 이전에 백인여성들을 고용하였으며 이는 흑인여성들이 제기한 성차별의 가능성을 반박한다는 주장이었습니다. 크렌쇼가 지적하듯 여기에서 '백인여성'은 '여성' 모두를 대변할 수 있는 일반적 범주로서의 특권을 갖는 반면, '흑인여성'은 '여성' 모두를 대변할 수는 없는 특수한 범주로 취급되고 있습니다. 마찬가지 논리에서 법원은 흑인여성들이 흑인남성들의 이해관계를 포괄적으로 대변하는 '특별한 권리'를 가질 수 없다고 판단하였습니다. 여기에서 우리는 각각 백인여성이 흑인여성에 대해 갖는 인종적, 계층적 특권과 흑인남성이 흑인여성에 대해 갖는 성적 특권의 작용, 그리고 이를 삭제하는 자유주의적 법의 논리를 동시에 볼 수 있습니다. 백인여성이 해고되지 않았다는 사실은 성차별이 없었다는 증거로 인용되었으며 흑인남성이 해고되지 않았다는 사실은 인종차별이 일어나지 않았다는 증거가 되었기 때문입니다. 그리고 이는 자유주의 법의 언어와 실천 속에서 소수자의 다층적이고 복잡한 정체성들이 인종, 계층, 성별, 장애, 성적지향, 국적, 문화, 종교 등의 분리된 범주들로 개별화되는 모순을 보여주기도 합니다.

유사한 모순은 휴즈 헬리콥터사와 트레브놀 제약사를 대상으로 제기된 흑인여성들의 차별 소송에서도 반복되었습니다. 각각의 사례에서 법원은 흑인여성이 여성 전체의 이해관계나 흑인 전체의 이해관계를 대변할 수 없다고 판단하면서 소송을 기각하였습니다. 그리고 휴즈 헬리콥터사에 대한 소송에서 법원은 원고 측이 기존에 존재하는 인종 간, 그리고 성별 간에 나타나는 고용 및 승진 격차에 대한 통계자료를 활용하는 것 또한 제한하면서 원고측은 '흑인여성'을 특정할 수 있는 통계자료를 제시해야 한다고 요구하였습니다. 기존에 생산되는 노동 관련 통계자료들이 이미 인종이나 젠더라는 단일 정체성을 근거로 구획된다는 점을 고려할 때 이는 또 다른 차별을 의미하였습니다. 동시에 법원은 흑인여성을 흑인남성 및 백인여성과 구별되는 범주로 취급하면서도 이러한 차이를 억압의 구조적 교차로 읽어내기보다는 흑인여성의 대표성 부족으로 결론 맺습니다. 예를 들어 트레브놀 제약사에 대해 흑인여성들이 제기한 인종차별 혐의에 대해서 법원은 흑인여성과 흑인남성 간에 존재하는 젠더 격차를 지적하면서 흑인여성이 '흑인' 전체를 대변할 수 없다고 판단하였습니다. 결국 흑인여성들은 자신들의 교차적 위치를 부정하고 '흑인' 혹은 '여성' 중 한 가지 위치를 선택하도록 요구받았지만 둘 중 어느 쪽을 선택하여도 그 대표성을 인정받지는 못하는 딜레마적 상황에 놓였습니다.[16]

이상의 사례들에서 법원은 흑인여성이 경험하는 차별과 억압은 흑인남성이나 백인여성과 '유사'하지만 동일할 수 없기에 그들이 어느 범주에도 맞아 떨어지지 않는다고 말하는 동시에 그렇다고 이들이 '흑인여성'으로서의 고유한 피해를 주장하기에도 적절하지 않다고 결론짓는 모순을 보여줍니다. 그리고 이러한 모순적 구조 속에서 흑인여성들은 흑인과 여성이라는 정체성, 그리고 인종과 성이라는 정치학 중 한 가지를 선택해야 했지만 어떤 선택도 이들의 문제를 해결해 주지 않는 딜레마적 상황에 놓였습니다.

크렌쇼가 지적하듯 이러한 충돌과 공백 상태에 놓인 흑인여성들의

---

16 *Ibid.*, p. 148.

경험과 이해관계는 정확히 인종과 성, 둘 중 어느 쪽이 이 충돌과 공백의 원인인지를 따져서 밝히는 것으로 규명되지 않습니다. 왜냐하면 우리가 앞서 살펴본 바와 같이 우리는 이미 두 개의 범주가 동시적으로, 그리고 상호적으로 작동하는 구조적 교차의 영역에서 질문하고 있지만 그 교차적인 얽힘을 설명할 수 있는 언어는 부족하거나 부재하기 때문입니다. 크렌쇼가 비유하듯 이와 같은 상황에서 인종차별과 성차별 중 정확히 어느 쪽이 흑인여성들이 경험하는 차별을 설명할 수 있을지는 엄격하게 따지면서 정작 이들이 겪은 피해와 차별을 구제하려 하지는 않는 법원의 결정은 마치 교차로에서 사고가 났는데 의사가 위급한 환자를 두고 정확히 어느 쪽 운전자가 (더) 잘못했는지에 대해 논쟁하는 모습과 마찬가지로 어리석고 또 비인간적입니다.[17] 당장 교차로에서 사고를 당한 환자라 할 수 있는 흑인여성이 필요로 하는 것은 우선 앰뷸런스를 부르고 병원으로 가서 치료를 받는 조치이기 때문입니다.

교차로에서 일어난 사고의 원인은 종종 알기 어렵거나 불가능하기도 합니다. 우리는 남아 있는 파편과 흔적들을 통해 사고의 원인을 재구성하지만 정확히 어떤 원인과 과정에 의해서 사고가 발생했는지, 두 명의 운전자 중 누가 얼마나 어떻게 더 책임이 있는지를 명확하게 가려내기는 불가능하기 때문입니다. 그리고 이러한 모호함의 영역에서 누구도 환자를 돌보지 않고 서로의 잘못만을 따지고 있다면 결과적으로 사고의 피해자인 환자의 고통만 심해질 뿐입니다. 치료와 회복의

---

17 *Ibid.*, p. 149.

과정이 먼저 환자의 고통을 살피고 그 목소리를 듣는 데에서 시작될
수 있듯이, 교차성의 정치학은 그 교차의 영역에서 배제되어온 소수자
들의 경험을 경청하는, 아래로부터의(bottom-up) 정치학을 통해 시작
될 수 있습니다.[18] 크렌쇼는 또한 이러한 아래로부터의 정치학이 활성
화된다면 기존에 단일한 정체성의 범주를 통해 조직된 소수자 정치학
은 이미 제도적, 문화적으로 그 기반을 확립한 백인중심적인 여성운동
과 남성중심적인 흑인운동의 특권을 보호하는 것에서 벗어나 보다 더
다채로운 연대의 가능성을 상상하고 실천할 수 있게 될 것이라고 제안
합니다. 왜냐하면 교차성의 정치학은 현재 우리가 정당하다고 믿고 실
천하는 소수자로서의 저항의 방식과 언어가 완결적이지 않으며, 어쩌
면 우리도 모르게 누군가를 배제하는 정치학이 될 수도 있음을 언제나
염두에 두고 성찰하도록 촉구하기 때문입니다. 그리고 이러한 성찰과
변화의 가능성에 열려있을 수 있는 용기를 요구하는 것이 교차성의 정
치학입니다.

5. 페미니스트 정치학과 역사적 시공간

그렇다면 교차성은 페미니스트 분석과 실천의 도구로서는 어떤 의
미와 효과를 가질까요? 예를 들어 교차성은 흑인여성을 비롯한 주변
부 여성들이 경험하는 중층적인 억압을 드러내고 소수자 내부의 소수

---

18 *Ibid*., p. 151.

자들이 갖는 이중적 곤궁함을 강조하는 데 그 궁극적 목적이 있을까요? 혹은 누군가가 우려하듯 교차성의 수용은 페미니즘의 토대로서의 '여성'을 해체하고 여성운동을 불가능하게 할까요? 그렇지 않다면, 교차성은 페미니스트 정치학에 역사적 구체성(historical specificity)을 더하고 페미니즘의 미래적 가능성을 열어줄 수 있을까요?

저는 교차성의 정치학이 페미니스트 실천을 보다 구체적인 역사적 현재에 자리 잡을 수 있게 도와주며, 지금 이곳에서 우리가 경험하는 차별과 억압을 사회적 관계들 속에서 읽어낼 수 있도록 해주는, 그리고 그 과정에서 정체성을 급진적으로 정치화하는 이론이자 실천이라고 생각합니다. 이는 교차성의 정치학이 정체성을 언제나 사회적, 역사적, 정치적 문제로 취급하기 때문입니다. 앞서 살펴본 바에 따르면 흑인여성들과 이주민여성들이 경험하는 억압과 차별은 정체성의 언어로 환원되지 않습니다. 하지만 교차성의 정치학은 정확히 이 여성들의 경험과 이해관계를 대변하기 위한 언어로 시작되었습니다. 달리 말해서 교차성은 여성들 내부의 차이를 드러냄으로써 누가 더 억압되었는지를 밝힌다든지 혹은 단순히 여성들의 '다양성'을 강조함으로써 차이의 정치학을 중립화하는 데 그 궁극적 목표를 두지 않습니다.

페미니스트 분석과 실천의 범주로서의 교차성의 수용은 그간 미국 제2물결 페미니즘과 함께 성장하면서 고착화되어온 성 정치학을 보다 더 복잡하고 살아있는 역사적 맥락에 위치지으면서 다층적인 억압의 구조들과 그것들의 교차, 그리고 그 안에서 개별 주체들이 살아내는 지배와 피지배의 경험들을 구체적으로 그려내는 데 그 의미와 효과와 목적이 있습니다. 교차성은 억압의 복잡성(complexity)과 그 안에서 행위자로서의 여성들이 만들어내는 저항의 역동성을 그려내는 데 유용한 분석의 관점을 제공하며, 이를 통해 페미니스트 분석의 범주로서의 '젠더'와 페미니스트 실천의 주체로서의 '여성'을 지속적으로 문제화하고 역사화합니다. 교차성의 관점에서 볼 때 '여성'이 고정불변의 범주가 아니라 구체적인 역사적, 문화적 맥락 속에서 살아내고 실천하는 정치적 정체성이자 저항의 위치성이 됩니다. 마찬가지로 페미니스트 저항은 초역사적, 초문화적 억압의 기제로서의 가부장제에 대항하는 '여성'들의 반복적 투쟁이라기보다는 지금 이곳에서 누군가가 구체적으로 경험하는 억압과 차별을 그 경제적, 문화적, 역사적 관계망 속에서 분석하고 그려내고 싸우는 작업이 됩니다.

크렌쇼의 논문과 비슷한 시기인 1990년에 처음 출판되었던 패트리샤 힐 콜린스의 저서 『흑인 페미니스트 사상』(*Black Feminist Thought*)은 인종, 성, 계층의 교차 영역에서 일어나는 흑인여성들의 노동, 섹슈얼리티, 문화적 재현 등을 엮어내면서 흑인여성들의 저항의 정치학을 그려내었습니다.[19] 그리고 이 책의 수정본에서 콜린스는 교차성을 단지 인종, 성, 계층, 장애, 연령, 성적지향, 종교, 민족성 등의 다양한 억압의 기제들이 더해지는(additive) 분석이 아니라 각각의 영역들이 다른 영역들과 서로 얽히고 연결되고 맞물리며(interwoven,

---

19 Collins, Patricia Hill, *Black Feminist Thought: Knowledge, Consciousness, and the Politics of Empowerment*, revised 10th anniversary edition, New York: Routledge, 2000.

interconnected, interlocking), 상호작용하고(interacting), 서로를 구성하는(mutually constitutive) 관계에 있음을 밝혀내는 분석으로 정교화하였습니다. 이는 흑인여성들의 노동이나 섹슈얼리티에 있어서 성적 억압과 인종적 억압과 계층적 억압은 차례로 더해지는 것이 아니라 이미 서로 간의 상호작용과 상호관계 속에서 구성되고 작동함을 의미합니다. 즉 흑인여성들의 '여성'으로서의 경험과 정체성은 이미 그들의 인종적, 계층적 위치와 상호간섭 속에서 구성되며, 마찬가지로 이들의 '흑인' 혹은 '노동자'로서의 경험 또한 이미 젠더화된 과정이라는 주장입니다. 예를 들어 흑인여성들이나 이주민여성들은 종종 자신의 공동체에서 일어나는 성폭력과 가정폭력에 대해 침묵하거나 옹호하며, 이는 흑인여성들이나 이주민여성들의 페미니스트 의식 부족으로 오해되기도 합니다. 그러나 흑인여성들이나 이주민여성들은 백인여성들에 비해 상대적으로 취약한 경제적, 법률적, 문화적 위치를 살아가며 자신에게 해를 가하는 남성, 가족, 공동체를 떠날 수 있는 자원을 충분히 갖지 못하기도 합니다. 보다 어려운 지점은 이들이 백인 중심의 주류 사회에서 흑인남성과 이주민남성들에게 부여되는 '미개함'이나 '동물성'과 같은 문화적 낙인을 인식하고 이에 대한 모순적이지만 저항적인 선택으로서 자신의 인종-민족 공동체를 보호하기를 선택하기도 한다는 것입니다.

잘 알려진 사례로 최근 드라마로 제작되기도 한 사건인 O. J. 심슨 재판을 살펴보겠습니다. 1994년 미국 로스엔젤레스에서 일어난 이 사건에서 성공한 흑인남성 풋볼 선수이자 흑인 공동체의 전폭적 지지를 받던 심슨은 그의 전-배우자와 젊은 백인남성을 살해한 혐의로 재판에 회부되었습니다. 당시 로스 엔젤레스는 1992년에 발생한 로드니 킹 사건과 그로 인해 촉발된 인종 갈등으로부터 간신히 회복되려는 시점이었으며, 흑인 공동체의 영웅이었던 심슨에 대한 백인 검사들의 기소는 또 다른 인종 갈등을 예보하면서 대중적 관심의 중심이 되었습니다. 검찰 측은 강력한 증거와 심슨의 가정폭력 경력을 토대로 유죄판결을 확신하였습니다. 잔혹하게 살해된 채 발견된 심슨의 전-배우자는 백인여성이었으며 심슨과의 결혼관계에서 오랫동안 잔인하게 학대받아온 가정폭력의 피해자이기도 하였기 때문입니다. 그리고 검찰 측은 상당수가 빈곤한 도시 지역의 가난한 흑인여성들로 구성된 배심원단이 이러한 젠더 폭력의 심각성을 인식하고 피해자와 동일시할 것으로 예상하였습니다. 그러나 잘 알려진 바와 같이 심슨은 수많은 우여곡절 끝에 결국 무죄방면 되었으며 지금까지도 미국 흑인 저항운동의 가장 모순적인 수혜자들 중의 한명으로 남아 있습니다.

심슨 재판의 과정에서 우리는 흑인여성들이 가정폭력 피해자인 백인여성과 자수성가한 흑인남성 가해자 사이에서 갈등하였음을 볼 수 있습니다. 이들은 여성으로서 가정폭력의 피해자인 백인여성들과 공감하였지만 동시에 인종 갈등의 정점에 있었던 당시의 시대적 상황에서 자신의 공동체의 영웅이었던 심슨을 보호하고 지지하고자 하는 인종적 이해관계 또한 인식하고 실천하였습니다. 즉 흑인여성들이 성적 피해를 인식하고 이에 대응하는 방식에는 젠더 정치학과 인종정치학이 동시에 상호적으로 작용하였습니다. 또 다른 사례로는 앞서 언급한 흑인여성들의 가사노동 경험을 들 수 있습니다. 노예제 시대에 각종 가내노동을 담당해온 흑인여성들은 해방 이후에도 백인여성들의 가정에서 요리사, 유모, 가사 도우미 등으로 일하면서 가족을 부양하였습니다. 이러한 경험은 공사영역의 엄격한 분리를 동반한 근대적 젠더 체계와 이에 대한 저항으로서 조직된 자유주의 페미니스트 정치학이 흑인여성들의 현실을 설명하는 데 실패하였음을 보여줍니다. 흑인여성들에게 있어서 공과 사의 엄격한 구별이나 전업주부로서의 성역할이라는 젠더 규범은 인종과 계층을 통과하며 굴절되기 때문입니다. 달리 말해 젠더는 이미 인종화된 범주(racialized gender)이며, 젠더 정치학과 인종 정치학은 동시적으로(simultaneously), 그리고 서로와의 관계 속에서 작동하는 억압의 영역, 기제, 과정으로 읽혀질 수 있습니다. 덧붙여 이러한 접근은 억압, 저항, 분석의 범주로서의 인종, 성, 계층 등이 그 자체로 완결적일 수 없음을 드러내면서 인종 정치학, 성 정치학, 계층 정치학 등에 내포된 공백과 새로운 가능성을 제시합니다. 그리고 우리는 여기에 장애, 연령, 성적지향, 종교, 민족성 등의 그간 주변화되고 비가시화되었던 다양한 억압의 축들(axes)을 교차적으로 읽어냄으로써 페미니스트 분석과 저항을 풍부하게 만들어 나갈 수 있겠습니다.

콜린스는 교차성을 유색인종 여성의 경험을 설명하는 것을 넘어 지배와 억압의 복잡한 기제를 그려내는 데 필요한 비판적 분석의 틀로 확장하였습니다. 즉 그는 교차성의 수용을 통해 그가 "서로 맞물려 작동하는 여러 억압이 한 사회적 위치에서 취하는 역사적으로 특정한 형태의 조직"이라고 설명하는 "지배 매트릭스(matrix of domination)"를 그려내고자 하였습니다.[20] 교차 혹은 교차성이 상대적으로 고정된 억압의 구조들 간의 만남과 충돌의 지점들로 이해되는 반면 콜린스가 제안하는 "지배 매트릭스"는 이러한 다양한 억압의 기제들이 상호작용 속에서 작동하고 변화하는 역동적 과정들, 그리고 그 매트릭스의 안팎을 살아내는 주체들의 다층적인 위치성을 포착하는 데 유용합니다. 현대 미국사회에서 가난한 흑인여성이 경험하는 억압은 동일한 피부색을 가진 흑인여성이 저개발 빈곤국가에서 경험하는 억압이나 혹은 이들이 서구 국가로 이주하였을 때 경험하는 차별과 겹치지만 또 구별됩니다. 지배의 매트릭스는 각 시공간에 따라 구체적이기 때문입니다. 역사적으로 특정하게 나타나고 조직되는 억압의 형태로서의 지배 매트릭스는 소수자들이 경험하는 차별과 억압이 언제 어디서나 동일하게 작용하는 권력으로서의 성, 인종, 계층의 산물이 아니라 구체적인 사회적 시공간 속에서 일어나는 살아있는 경험들을 드러내는 데 유용합니다. 이는 교차성의 관점을 통해 기존에 '여성'의 보편적 경험으로 이야기되었던 백인중산층 이성애자 여성들의 경험이 교차성의 관점에서 볼 때 사실은 특정한 시대를 살아가는 특정한 계층, 인종, 성적지향, 장애 여부, 세대, 문화의 상호작용의 산물로 재정의될 수 있기 때문입니다.

교차성의 관점에서 지배의 매트릭스를 읽어낼 때 우리는 또한 다양한 소수자 집단들의 경험이 어떻게 보다 더 넓은 역사적, 사회적 맥

---

20 Collins(2000), *op. cit.*, p. 228

락에서 조우하는지, 그리고 서로 간의 관계 속에서 형성되고 배치되는 지를 볼 수 있습니다. 다양한 소수자 집단들 사이에 존재하는 이러한 차이 속의 연대의 가능성을 인도출신의 탈국가 페미니스트 학자인 찬드라 모한티는 "공통의 차이들"(common differences)라고 부르기도 하였습니다.[21] 인종, 문화, 국적, 성, 계층 등으로 범주화되는 억압의 기제들은 여성들 간의 차이와 소수자 집단 간의 차이들을 만들어내지만 비판적이고 비교적인 페미니스트 분석은 이러한 차이들을 가로지르는 공통의 저항의 정치학을 만들어낼 수 있다는 제안입니다. 모한티의 제안은 여성들 간에 존재하는 다양한 차이와 위계들을 인정하면서도 이를 만들어내는 전지구적 자본주의와 제국주의의 작동을 간과하지 않는 페미니스트 정치학의 가능성과 중요성을 보여줍니다.

6. 그리고 지금, 이곳에서, 우리는?

교차성의 정치학은 여전히 현재진행형인 개념이자 이론적 도구입니다. 또한 교차성은 여성학뿐 아니라 다양한 사회과학 및 인문학 분야들에서 새롭게 해석되고 또 적용되고 있습니다. 그리고 이 글에서는 소개하지 못했지만 최근의 연구들에서는 신자유주의적 통치성에 대한 비판적 분석과 해체의 렌즈로서 교차적 분석을 활용하는 사례들이 있습니다. 교차성에 대한 이론적, 실천적 관심들은 또한 미국 사회에서

---

21 Mohanty, Chandra Talpade, *Feminism Without Borders*, Durham: Duke UP, 2003.

정체성의 정치학이 점점 더 중산층 시민권자들의 이해관계를 중심으로 제도화되어가는 경향에 대한 우려와 비판을 반영하기도 합니다. 교차성의 정치학은 정체성의 정치학으로부터 시작되지만 정체성 자체에 함몰되지 않고 정체성을 그 구체적인 역사적, 사회적, 문화적 좌표 위에 위치 짓고, 이를 통해 정체성의 정치적 의미와 효과를 구체적으로 밝혀내고자 합니다.

마지막으로 글을 맺기에 앞서 최근 확산되고 있는 미투 운동을 이야기해 보고자 합니다. 서지현 검사의 용감한 폭로를 계기로 하여 정치계, 문화예술계, 교육계 등으로 빠르게 확산되고 있는 미투 운동은 다양한 직업과 계층, 그리고 세대의 여성들이 경험하는 성적 침해와 폭력을 가시화하면서 한국사회에 충격을 안겨 주었습니다. 상대적으로 높은 교육 수준과 전문직을 가진 엘리트 여성에서부터 불안정한 고용과 소득을 견뎌야 하는 신인 여배우까지 공통적으로 노출되는 권력형 성희롱과 성폭력은 우리 사회의 젠더 구조가 여전히 매우 비대칭적임을 잘 보여주고 있습니다. 그리고 이러한 사례들에서 우리는 분명 '여성'들이 공통적으로 경험하는 폭력과 차별의 기제로서의 성적 권력의 존재를 확인할 수 있습니다.

그러나 다른 한편으로 우리는 성적 피해를 초래하는 상황과 조건, 그리고 그 피해를 회복하기 위한 과정이 모든 피해자들에게 동일하게 작용하지 않음을 알 수 있습니다. 서지현 검사의 피해는 법을 다루고 정의를 수호해야 하는 엘리트 법조인들이 정확히 그 권력을 자의적으로 활용하는 모습을 폭로합니다. 우리는 여기에서 남성 엘리트 법조인들의 직업 영역에서 사적 권력과 공적 책임 간의 경계와 관계는 자의적으로 섞이고 재정의될 수 있음을 봅니다. 다른 한편 문화예술계에서 일어난 성적 폭력의 많은 사례들은 피해자들이 놓인 취약한 상황에서 비롯되었습니다. 자신의 직업이자 노동으로서의 연기나 문학작품이 이미 권위를 획득한 남성 감독이나 작가들에 의해 평가되고 인정되어야 하는 문화예술계의 특수한 상황은 신인 배우나 작가들이 자신을 보호하거나 대항하기 어렵게 합니다. 나아가 이들이 경험하는 성적 피해는 마치 정당하고 필요한 '교육' 혹은 '직업적 자질'의 한 부분으로 왜곡되기도 합니다.

이러한 상황에서 페미니스트 저항으로서의 미투 운동은 여성의 성적 자율권이 구성되고 실현되는 조건으로서의 노동과 교육의 환경을 고민하지 않을 수 없습니다. 왜냐하면 성적 피해의 발생과 그 구체적인 의미는 분명 피해자들이 살아내는 다양한 삶의 조건들과 맞물리기 때문입니다. 마찬가지 맥락에서 미투 운동은 여성의 성적 자율권의 문제 뿐 아니라 여성의 노동권과 시민권에 대한 질문을 제기하며 동시에 한국사회의 조직문화의 위계성과 그 안에서 일어나는 공적 권력의 사적이고 자의적인 행사에 대한 질문도 제기하고 있습니다. 이러한 맥락에서 볼 때 미투 운동은 젠더 정치학인 동시에 노동과 시민권의 정치학이며 인권의 정치학이 되기도 합니다. 그리고 정확히 그러한 이유에서 미투 운동은 우리가 살아가는 사회의 복잡한 권력 구조들을 바꿀 수 있는 급진적 변화의 가능성을 약속합니다.

페미니즘은 우리 시대의 삶의 조건에서 '여성'이 누구인지, 혹은 무엇인지, 어떤 정치적 의미와 효과를 갖는지를 비판적으로 질문하고 답하는 실천입니다. 그리고 때로 이 질문과 답은 우리가 원하는 만큼 선명하지도 또 신속하게 나오지도 않습니다. 왜냐하면 정체성은 사실 그렇게 자명하지 않으며, 그 정체성을 정치화하는 실천은 더욱 복잡할 수 있기 때문입니다. 교차성의 정치학은 어쩌면 선명한 대립의 전선을 그려주는 '급진' 페미니즘의 정치학보다는 더 느리고 어려운 실천일 수 있습니다. 연대의 정치학은 정체성의 정치학보다 더디고 복잡하기 때문입니다. 그러나 그 모호함과 혼란이 초래하는 두려움을 마다하지 않는 정치학이 바로 교차성이기도 합니다. 결론적으로 교차성의 정치학은 '여성'을 해체하지도, '여성'을 무한히 다원화하지도 않습니다. 교차성은 지금 이곳에 역사적 현실로 존재하는 '여성'의 모습이 어떠한지를 질문합니다. 이는 교차성의 정치학이 추상적인 범주로서의 '여성'이 아닌 현실을 살아가는 '여성들'의 경험으로부터 시작되기 때문입니다. 그리고 페미니스트 정치학은 우리가 살아가는 구체적인 역사적 시공간 속에서 발견되고, 그것을 언어화하는 과정입니다.

3

페미니즘과 퀴어,
그리고 적녹보라 패러다임

나영

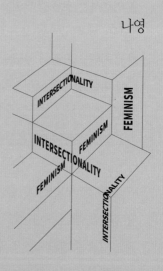

이 강의에서 다룰 주제는 '페미니즘'과 '퀴어', 그리고 '적녹보라 패러다임'에 관한 것입니다.

세 가지 모두 단순 명료하게 정의내릴 수 있는 개념이 아니고 여러 논쟁점과 광범위한 문제의식을 담고 있지요. 혹자는 페미니즘은 '페미'(femi-), 즉 '여성'의 억압과 차별을 다루기 위한 것인데 왜 굳이 퀴어나 적녹보라 패러다임을 연관지어 다루려 하냐고 이야기하기도 합니다. 하지만 페미니즘을 세상을 해석하는 인식론이자 다른 세상으로 바꾸어 나가기 위한 저항과 대안의 운동/이론이라고 생각한다면, 퀴어와 적녹보라 패러다임은 그 인식과 저항, 대안의 방향을 모색하는 데 있어서 떼어놓을 수 없는 관계에 있는 것입니다. 이 강의에서는 몇 개의 키워드를 가지고 페미니즘과 퀴어, 적녹보라 패러다임의 문제의식을 연결하는 흐름을 짚어보고 운동의 방향을 이야기해 보고자 합니다. 그리고 이 이야기를 하기 위해서 '인간' '여성' '정체성' '권력'이라는 네 개의 키워드를 뽑아 보았습니다. 강의의 흐름을 따라, 이 네 가지 키워드에 대한 인식의 차이점들을 잘 생각해 보아 주세요.

"페미니즘은 여자도 인간이라는 급진적인 개념이다"

초기 페미니스트들이 가졌던 중요한 고민은 "왜 여성은 동등한 인간 취급을 받지 못하는가"하는 질문이었습니다. 왜 남자는 한 명의 온전한 인간 주체이자 시민으로서 사회적, 정치적으로 중요한 일들을 맡는데 여자는 어머니, 아내, 애인, 딸, 비서, 매춘부와 같은 제한된 역할을 통해서만 규정되는지, 왜 여자는 한 명의 시민 주체로 여겨지지 않고 남성을 보조하거나 남성에 의해 보호 또는 이용되는 존재로만 여겨지는지에 대한 질문으로부터 시작했던 것이죠.

실제로 여성은 스스로의 판단력과 동등한 권리를 지닌 '인간'으로서 여겨지지 못했습니다. 루소(Jean-Jacques Rousseau)가 했다는 다음과 같은 말이 대표적으로 그러한 생각을 보여주죠.

> "모든 인류는 평등하다. 그가 프랑스인이든, 독일인이든, 국왕이든, 노예이든, 학자이든, 귀족이든, 평민이든, 저 미개한 아프리카 원주민조차도 우리와 똑같은 천부인권을 가지고 있다. 그러나 단 하나, 여성은 예외다. 여성에게는 인권이 없다. 그러므로 교육을 시킬 필요도 없으며, 정치에 참여시켜서도 안 된다."

잘 알다시피 '천부인권'은 '인간이라면 태어나면서부터 누구에게나 주어지는, 하늘이 준 권리'입니다. 그런데 '여성'만은 이 천부인권에서 예외의 존재라니, 결국 여성은 동등한 자연권을 지닌 인간으로 인정할 수 없다는 생각을 드러내는 것이죠. 어떻게 이런 생각을 할 수 있었을까요? 그렇다면 여기서 인간의 조건이라는 건 뭘까요?

우리는 인간은 이성적이고, 합리적인 판단을 내릴 수 있으며, 그 판단에 따라 주체적인 결정들을 할 수 있는 존재라고 이야기합니다. 또 그런 활동들을 통해서 사회적 관계도 맺으며 정치와 경제, 문명을 만들어가는 존재라는 점에서 동물과 다르다고 이야기합니다. 즉, 루소는 여성이 그런 존재가 아니라고 말하고 있는 것이죠. 루소에게 여성은 애초에 합리적 인간 주체인 남성과는 '다르게 창조된 존재', 사실상 '다른 종(種)'으로 여겨졌던 것입니다. 실제로 19세기 프랑스 남성들은 여성이 생리를 한다는 사실이 합리적 판단을 할 수 없고, 참정권을 비롯한 시민으로서의 자격과 권리를 갖출 수 없는 중요한 이유라고 주장하기도 했습니다.

우리가 잘 알고 있는 시몬느 드 보부아르(Simone de Beauvoir)의 "여성은 태어나는 것이 아니라 만들어지는 것이다"라는 말은 이런 배경에서 나온 것입니다. 그녀는 『제2의 성』에서 이렇게 이야기합니다.

'여자란 무엇인가?'라는 물음을 제기한다는 것 자체가 곧 나에게 일차적인 답변을 시사해주는 것과 같다. (…) 남자는 그들이 차지하고 있는 특수한 상황에 대하여 책을 쓸 생각조차 하지 않을 것이다. 하지만 여성으로서의 내가 나 자신을 규정하려면, 우선 '나는 여자다'라고 선언하지 않으면 안 된다.[1]

여성이 그렇게 창조된 것이 아니라, 남성중심의 세계가 여성을 타자로 만들고 종속시켜 왔기 때문이라는 걸 증명하고자 했던 것이죠. 즉, '여성도 인간이다'라는 걸 증명하는 것은 교육권과 참정권을 비롯한 시민으로서의 평등한 권리를 위한 투쟁의 핵심이었습니다.

오늘날 "○○○도 인간이다"라는 구호는 어떤 곳에서 외쳐지고 있나요? 동등한 권리를 지닐 수 없는 '다른 종(種)'으로 취급되고 있는 이들은 누구인가요? 그 자격을 판단하는 이들은 누구이며, 그 판단 기준에

---

1 시몬느 드 보부아르, 『제2의 성』(상), 조홍식 옮김, 을유문화사, 2002, 12쪽.

따라 차별과 착취의 대상이 되고 있는 존재들은 무엇인지, '인간으로서의 자격'을 얻지 못했던 여성의 불평등에 대한 인식은 페미니즘 논의를 통해 계속해서 다른 영역으로까지 확장되고 이어져 왔습니다. 나아가 보부아르의 이 글은 누구도 의심하지 않았던 '여성'이라는 개념에 대해 최초로 철학적인 질문을 던진 글이라고 볼 수도 있겠죠.

성적 계급과 여성 정체성, 그리고 레즈비언

그런데, 여성이 이렇게 교육을 받고 정치에 참여하게 되는 것으로 과연 여성에 대한 차별과 종속은 끝날 수 있을까요? 이제 우리는 그렇지 않다는 사실을 잘 알고 있죠. 이 차별과 종속을 유지시키는 일련의 시스템이 작동하고 있다는 것을 말입니다. 사회변혁 운동의 한 축에서 그러한 여성 억압의 구조가 주로 사유재산제, 경제적 계급의 재생산 유지를 위한 여성 노동력의 착취를 설명하는 맑스주의를 통해 해석되어 왔다면, 래디컬 페미니즘은 남성중심의 가부장제에 의한 성적 지배를 보다 근본적인 문제로 보고 '성 계급'을 주장했습니다.

이러한 입장을 잘 보여주고 있는 슐라미스 파이어스톤의 『성의 변증법』은 이렇게 시작되죠.

성적 계급(sex class)은 보이지 않을 정도로 뿌리가 깊다. 혹은 그것은 단지 약간의 개혁이나, 어쩌면 여성의 노동세력으로의 완전한 통합에 의해 해결될 수 있는 피상적인 불평등으로 보일지도 모른다. … 우리는 어느 모로 보나 그만큼 뿌리 깊은 것에 관해서 이야기하고 있는 것이다. 이 본능적인 반

옹은—페미니스트들이 근본적인 생물학적 조건을 바꾸는 것에 대해서 말하고 있다는 가정을 그들이 모를 때조차도—정직한 것이다. 그렇게 심각한 변화가 예를 들어 '정치적' 범주와 같은 전통적인 사고 범주에 쉽게 들어맞을 수 없는 것은 이러한 범주들에 적용되지 않기 때문이 아니라 그 범주들이 충분히 크지 않기 때문이다. 급진적 페미니즘은 그것들을 부수고 나간다. 만약 혁명보다 더 포괄적인 말이 있다면 우리는 그것을 사용할 것이다.[2]

그리고 이렇게 이야기합니다.

경제적 계급의 철폐를 보장하기 위하여 피지배계급(프롤레타리아트)의 봉기와, 일시적 독재로 생산수단에 대한 점유를 요구하듯이, 성적 계급의 철폐를 보장하기 위해서는 피지배계급(여성)의 봉기와 생식조절에 대한 점유가 요구된다. 여성들에게 신체에 대한 소유권을 완전히 되돌려주는 것 뿐 아니라, 인간 생식능력 조절에 대한 (일시적) 점유, 그리고 출산과 양육에 관한 사회제도와 마찬가지로 새로운 인구생물학도 요구된다. 또한 사회주의 혁명의 최종 목적이 경제적 계급 특권의 철폐뿐만 아니라 경제적 계급 구분 그 자체를 철폐하는 것이듯이, 페미니스트 혁명의 최종 목적은 최초의 페미니스트 운동의 목표와 달리 남성 특권의 철폐뿐만 아니라 성 구분 그 자체를 철폐하는 것이어야 한다.[3]

즉 남성에 의한 여성의 타자화, 혹은 사유재산제와 자본주의적 계급 체제를 유지하기 위한 여성 노동력의 착취 문제보다도 훨씬 근본적

---

2 슐라미스 파이어스톤, 『성의 변증법』, 김민예숙 · 유숙열 옮김, 꾸리에, 2016, 13쪽.

3 위의 책, 25쪽.

으로, 여성의 생물학적 조건에 근거한 '성(별) 계급'과 '성 착취' 구조가 존재한다는 것입니다.

이로써 '여성'은 그 자체로 하나의 계급 집단이자 정치적 집단이 됩니다. 그리고 이는 곧, '여성'이라는 집단적 정체성이 중요해지게 되었다는 것을 의미하죠. 일례로 설령 계급이나 인종이 다른 여성이라 하더라도 여성으로서 경험하는 성적 착취와 공통된 억압의 경험을 지니고 있다고 보기 때문에 경제적, 사회적 계급과 계층을 넘어선 여성들 간의 연대가 보다 중요한 것이 됩니다. 노동자 계급의 해방을 위해서는 노동자로서의 자기 정체성을 깨닫고, 연대를 통해 자본가 계급의 착취에 맞서 싸우는 투쟁이 중요한 것처럼, 여성 해방에 있어서는 가부장적 착취 구조를 영속시키는 제도들과 남성들에 맞서 종속의 연결고리를 끊어내는 것이 중요한 목표가 되겠죠. '성 계급'이라는 개념은 새로운 패러다임의 시작을 열었고, 바로 이것이 급진적 페미니즘이 '제2물결'이라고까지 불리게 된 중요한 차이점입니다. 단지 제도적, 형식적 평등을 이루는 차원이 아니라 여성의 생물학적 조건이 착취의 조건이 되지 않도록 하기 위해 남성들과의 종속적 관계, 그리고 이를 유지시키기 위한 모든 관습과 제도로부터 벗어나야 하는 것입니다. 가장 익숙하고 당연한 것으로 받아들여 왔던 것들, '자연스러운' 일이라고 생각했던 모든 '개인적인 것'들을 '정치적인 것'으로 다시 해석하게 되면서, 여성들에게 요구되는 복장이나 행동, 몸, 섹스, 연애, 결혼 등 모든 것을 새로운 관점으로 깨닫게 되었죠. 그러한 과정에서 '레즈비언'이 중요한 논쟁거리가 되었다는 사실은 어찌 보면 당연한 과정이었다고 볼 수 있을 것입니다.

　사실 '레즈비언'들은 당시의 페미니스트들로부터 '골칫거리' 취급을 받았습니다. 그도 그럴 것이, '레즈비언'은 독립적이며, '여자답지 못하다'는 이유로 남성들이 페미니스트들에게 붙이는 낙인의 딱지 같은 것이었거든요. 대표적으로 〈전미여성연합〉의 베티 프리단은 레즈비언 운동을 '연보라색 골칫거리'(Lavender Menace)라고 불렀습니다. 페미니스트들이 평등권을 쟁취해내기 위해서는 남성들과의 관계 속에서 싸우면서 때로는 설득도 해야 하는데 그런 과정에 '레즈비언'이라는 낙인과 레즈비언 운동의 방식은 도움이 안 된다고 보았기 때문입니다. 한편, 티-그레이스 앳킨슨(Ti-Grace Atkinson) 같은 사람들은 아예 레즈비어니즘 자체가 '남성 억압을 기본적으로 상정하고, 역할놀이를 수반하는 것이기 때문에' 오히려 '성 계급 체제를 재강화한다'며 레즈비어니즘을 반대했습니다.[4] 그런가하면, 레즈비언은 당시의 게이해방운동에서도 좀 다른 위치에 있었는데요, 경제적 자원이나 사회적 위치, 섹슈얼리티와 관련된 문화, 법·제도적 탄압의 경험 등에 있어서 레즈비언의 경험은 게이 집단의 경험과는 상당히 다른 것이기도 했기 때문입니다.

　1970년 5월, '제2차 여성연합대회'의 연단을 점거하고 발표되었던 「여성 정체화된 여성」("The Woman Identified Woman") 선언문은 이런 맥락 속에서 나온 글입니다. 게이해방운동에서 활동해 온 레즈비언들

4　애너매리 야고스, 『퀴어 이론 입문』, 박이은실 옮김, 여이연, 2012, 76쪽.

과 여성운동에서 활동해 온 레즈비언들이 처음으로 함께 만나 작성하고 발표했던 이 글은 매우 논쟁적이면서도 중요하고 상징적인 의미를 지니는 글이었습니다. 이 글에서 드디어 '레즈비언'은 낙인의 이름표가 아니라 '여성 정체성'을 확인하는 명확한 정치적 입장이 되었거든요. 여기서 '정체화된'이라고 번역되는 'identified'는 글의 맥락상 '동일시하는/동일시된'의 의미를 지닙니다. 즉, 레즈비언은 남성 중심의 세계에서 남성들의 관점과 경험에 자신을 동일시하고 남성과의 관계에 매달리는 대신, 여성으로서의 자신을 발견하고, 자아를 해방시키며, 여성들과의 관계 속에서 그 경험을 나누는 '여성 동일시'를 이루어낸 여성들인 것입니다. 따라서 이 글에서 레즈비언은 성적지향으로서의 정체성이기보다는 여성해방을 위한 '여성계급'으로서의 집단적, 정치적 젠더 정체성으로서 개념화된 것이죠.

하지만 여성은 왜 남성과 관계 맺거나 남성을 통해 관계 맺는가? 무엇보다도 우리는 남성 중심적인 사회에서 자랐다. 우리는 남성문화가 규정한 우리를 고스란히 받아들였다. 이는 우리 스스로 삶을 꾸려나가거나 규정하지 못하게 막고는 우리를 단지 성적인 존재, 가족을 위한 존재로 만들었다. 심리적으로 봉사한 대가, 무보수 가사노동을 한 대가로 남성은 우리에게 단하나, 노예 지위를 주었다. 우리는 노예로서만이 합법적인 존재가 될 수 있었다. 이것이 바로 우리의 문화적 언어 안에서 '여성성'이라 불리는 것, 혹은 '진정한 여성'이라 불리는 것이다. 우리는 실질적으로나 법적으로나 우리에게 성(姓)을 붙여준 몇몇 남성들의 소유물이다.

(중략)

그리하여 그녀는 자신의 자아와 욕구로부터 멀어지며, 낯선 사람이 된다.

그녀는 자신을 남성과 동일시함으로써, 남성과 함께 살아감으로써, 그의 자아, 그의 권력, 그의 성취로부터 지위와 정체성을 얻음으로써 이 구덩이를 빠져나가려 한다. 하지만 자신과 똑같은 처지에 놓인 다른 '빈 꽃병'(아내)과는 동일시하지 않는다. 이들은 자신이 받은 억압, 이등시민이라는 지위, 자기증오에 대해 숙고하는 다른 여성들과 관계맺기를 거부한다. 다른 여성을 마주한다는 것은 결국 한 여성의 자아, 그녀가 오랫동안 피해왔던 자아를 직면하는 것이다. 그 거울 앞에 설 때에야 우리는 비로소 깨닫는다. 우리가 지금까지 강요받았던 것들을 더 이상 진정으로 사랑할 수도, 존경할 수도 없음을.

(중략)

가장 중요한 것은 여성과 관계 맺는 여성, 함께 새로운 의식을 창조해 나가는 여성이다. 이들이야말로 여성해방의 중심이며 문화적 혁명의 근간이다. 우리는 우리의 진정한 자아를 찾아내고 강하게 단련하고 확언할 것이다 .우리는 서로에게서 투쟁을, 막 태어난 자부심을, 힘을, 녹아내리기 시작한 장벽을 본다. 우리 자매들과 함께 커져가는 연대를 느낀다. 우리는 우리 자신을 가장 중요한 존재로 바라보며 우리의 중심을 우리 내면에서 찾는다. (중략)

이제 이 모든 강압적인 동일시는 끝났다. 우리는 최대한의 자유를 얻어낼 것이다. 우리가 인간이라는 것을 마음껏 말할 수 있도록.[5]

이렇게 '여성 정체화된 여성(여성과 동일시한 여성)'을 통해 레즈비언이 정치적 젠더 정체성으로 선언됨으로써 이제 '레즈비언 되기'는 해방을 위한 적극적인 실천이 되었습니다. 여기에서 더 나아가 이후 애드리언 리치(Adrienne Rich)는 「강제적 이성애와 레즈비언 실존」이라는

---

5 래디컬 레즈비언, 「레즈비언 페미니즘 선언문」, 한우리 기획 · 번역, 『페미니즘선언』, 현실문화, 2016, 120-124쪽.

논문을 통해 레즈비언의 경험을 "마치 모성처럼, 완전히 여성적인 경험"이라고 분석합니다. 모든 여성들은 어머니와 딸 관계에서부터 시작해서 여성으로서의 동일시와 여성 간 유대, 그리고 보다 특별한 애정관계까지도 경험하는데, 남성 중심의 가부장 사회를 유지하기 위해 이성애 제도를 폭력적으로 강요해 온 과정에서 그러한 여성들의 경험이 역사적, 사회적으로 다양한 방법을 통해 탄압이나 처벌을 받아왔다는 것이죠. 마녀사냥, 여성할례, 조혼, 전족 같은 것들이 바로 그러한 탄압과 처벌의 사례입니다. 따라서 애드리언 리치는 그렇게 억압받고 삭제되어 온 수많은 여성들의 경험과 유대를 역사로 되살려 본다면 모든 여성들은 "스스로를 레즈비언으로 정체화하든 그렇지 않든 간에 이 연속체의 안팎을 이동하는 존재라고 볼 수 있을 것"이라고 주장합니다.[6]

이른 바, '정치적 레즈비어니즘'이라는 실천을 가능하게 한 이와 같은 주장들은 '레즈비언'의 의미를 페미니스트에 대한 낙인에서 여성 억압 구조에 도전하는 정치적 실천으로 전복시키고 여성 연대의 의미를 확장했다는 점, 무엇보다 이성애를 여성 억압의 구조로서 파악했다는 점에서 페미니즘과 레즈비언 운동 모두에 아주 중요한 인식 전환의 계기를 만들어 주었습니다. 이후 이러한 논의들은 여성적인 가치들이 남성 중심의 체계에서 가치절하 되어왔다고 보고 남성과는 다른 여성 자체의 차이와 여성들만의 관계 윤리를 통한 대안문화를 강조하는 '문화

6 Rich, Adrienne, "Compulsory Heterosexuality and Lesbian Existence", Vol. 5, No. 4, *Women: Sex and Sexuality* (Summer, 1980), pp. 631-660.

주의 페미니즘'과 레즈비언 분리주의로 나아가기도 합니다.

그런데 이러한 흐름에 대해 또 다른 페미니스트들은 다시 질문을 던지지 않을 수 없었습니다.

그렇다면 남자와의 관계를 단절하는 여성들은 누구나 '레즈비언'이라고 할 수 있는 것일까요? '레즈비언'은 성적지향이라기 보다는 젠더인 것일까요? 혹은 남성과의 관계를 끊어낸 레즈비언 여성은 여전히 남성과의 관계 속에 있는 이성애자 여성과는 다른 주체라고 할 수 있을까요? 젠더는 억압의 원인일까요, 아니면 억압의 효과일까요? 남성과의 관계를 단절하는 것만이 궁극적인 페미니즘의 실천인 것일까요? 동성애 혹은 양성애의 성적지향으로서 레즈비언 섹슈얼리티를 지닌 여성이 성소수자에 대한 억압으로 인해 겪는 탄압과 차별 등은 여성운동만으로 해결할 수 있을까요?

실제로 당시의 이런 논의들로 인해 "여성과 잠자리를 하지 않는다면 당신은 급진주의 페미니스트가 아니다"라거나, "여성들과 잠자리를 하지 않는다면 당신은 여성들을 사랑하지 않는 것이다"라는 식의 비판이 있었고, 아이를 원한다거나 남자아이를 키우고 있다는 이유로 "페미니스트로서 신뢰할 수 없다"는 비판을 받는 여성들도 있었습니다. "개인적인 것이 정치적인 것이다"라는 주장은 외모나 복장, 행동, 삶의 방식에 대한 과도한 검열로 이어지기도 했습니다. 당시의 이러한 상황들을 비판하며 앤 코트(Anne Koedt)는 「레즈비어니즘과 페미니즘」이라는 글에서 "'개인적인 것이 정치적인 것이다'라는 문구의 천재성은 여성들의 개인적인 삶의 영역을 정치적 분석에 열어두는 것이었다"라고 지적하면서, 이렇게 이야기합니다.

급진주의 페미니즘의 기본 입장은 생물학이 운명이 아니며 남성과 여성의
역할은 학습된다는 개념이다. 사실 이 역할 학습을 시키는 이들은 남성의
권력과 우월적 지위를 보장하는 데 기여하려는 남성 정치적 구성체들이다.
따라서 생물학적 남성은 그의 생물학적 남성성에 따라 억압자인 것이 아니
라, 생물학적 차이를 기반으로 그의 패권을 합리화함으로써 억압자가 되는
것이다. "남자는 적이다"라는 주장은 오직 남성이 남성 패권적 역할을 수용
하는 한에 있어서만 진실이 되는 것이다.
　그렇다면 레즈비어니즘과 급진주의 페미니즘의 관계는 무엇인가? 레즈비
어니즘과 페미니즘에 대해 가장 최소한의 정의를 취한다 해도, 논의의 핵심
이 되는 최종적인 한 가지는 생물학이 성역할을 결정하지 않는다는 것, 따
라서, 역할이란 배운 것일 뿐 행동 속에서 선천적으로 "남성적(masculine)"
또는 "여성적(feminine)"이라고 할 수 있는 건 아무것도 없다는 사실이다.[7]

　앤 코트의 글은 집단으로서의 여성 정체성을 정치적 실천으로 밀
고 나가면서 도달했던 레즈비어니즘 논쟁의 한가운데에서, 애초에 페
미니스트들이 '젠더'에 대해 제기했던 문제의식을 다시 상기시킵니다.
바로, 생물학이 젠더를 결정짓지 않는다는 것이죠. 생물학이 아니라
생물학을 명분 삼아 남성 중심주의의 패권적 구조가 작동해온 것이고,
이를 적극적으로 교육하고 수용함에 따라 '남성'으로서의 패권적 역할
을 수행하게 된다는 말입니다. 따라서 근본적으로 집중해야 할 것은

7　Koedt, Anne, "Lesbianism and Feminism", Anne Koedt · Ellen Levine · Anita Rapone
(ed), *Radical Feminism*, QUADRANGLE/The New York Times Book Co., 1973, pp. 246-258.

'남성' 집단, 혹은 '남성성' 자체와의 적대나 관계 단절이 아니라 그 '남성'과 '남성성'을 패권적으로 만드는 구조, '남성 정치적 구성체들'에 대한 투쟁입니다.

또 한 가지의 논쟁적인 지점은 젠더와 섹슈얼리티의 관계에 관한 것입니다. 집단으로서의 여성 정체성과 여성 연대, 모성이나 어머니와의 관계로부터 도출되는 여성적 가치에 대한 찬양, 나아가 남성과의 관계를 단절하는 진정한 자아 해방과 평화적 관계로서의 레즈비어니즘을 상상할 때, 아이러니하게도 '여성성'은 다시 본질주의적으로 낭만화되고 이상화되기 때문입니다. 무엇보다 이러한 설정 속에서 여성들은 계급, 지역, 인종, 연령, 질병, 장애, 국적 등 다양한 사회적 조건과 관계들로부터 동떨어진 존재가 되어버리죠. 하지만 당연히 여성들도 이 사회의 다양한 조건과 규범들 속에서 어떤 식으로든 영향을 받고, 자아를 형성합니다. 섹슈얼리티는 성별정체성에 따라 형성되는 것이 아니라 이러한 복잡한 영향들 속에서 형성되는 것입니다. 그리고 여기에는 특정한 섹슈얼리티나 성행동에 대한 사회의 금기와 규제, 처벌이나 보상도 함께 영향을 미쳐왔죠. 섹슈얼리티에 대해서도 교차성을 주목해야 하는 이유입니다.

섹슈얼리티와 교차성

'섹슈얼리티'가 무엇인지를 정의하기는 사실 쉽지 않습니다. 물론 앞의 논의에서 보았듯이 '젠더'도 여전히 논쟁적이지요. 그러한 만큼 페미니즘의 정치학에서 젠더와 섹슈얼리티는 핵심적인 주제이기도 합니다. 지금까지 여러 연구자들에 의해 논의되어 온 바에 따르면 '섹슈얼리티'란 성적 욕망이나 환상, 취향, 행위, 태도, 가치관, 성적지향 등을 포괄하는 개념으로, 성별에 따른 규범, 성에 대한 사회문화적 인식과 규범의 영향을 받습니다. 시대적 상황과 문화 등에 따라 어떠한 성적 역할이나 행동이 요구되고 장려되는지, 혹은 금기시되고 통제를 당하는지가 섹슈얼리티를 둘러싼 상황들에 중요한 영향을 미치게 되는 것입니다. 일례로 남성들의 성욕은 자연스럽고 어떻게든 분출되거나 해소되어야 하는 것으로 여기는 반면, 여성들의 성욕은 누군가에 의해 자극되어야 하는 것으로 여겨지는 사회에서 남성 섹슈얼리티는 일방적이고 폭력적인 방식으로 형성될 가능성이 높죠. 급진주의 페미니즘은 성폭력, 낙태죄 등의 이슈를 통해 이 섹슈얼리티의 문제를 전면적으로 파고들어 제기하고 정치적 의제로 만들었습니다. 또한 이전까지 남성 중심의 지식 체계에서 왜곡되거나 여성들에게 금기시되어 온 여성의 몸과 생식기, 오르가즘, 자위 등에 관한 여성 스스로의 관심을 촉발시키고 직접 지식체계를 만들었죠. 레즈비어니즘에 대한 전복적인 선언과 실천 역시 이성애 섹슈얼리티가 여성에 대한 성적 억압을 통해 가부장제를 유지시키기 위한 것이었음을 주장함으로써 정치적 의미를 확보하게 되었던 것이죠. 게일 루빈(Gayle S. Rubin)은 여기서 한 단계 더 나아가 「여성거래: 성의 '정치경제'에 관한 노트」라는 제목의 논문에서 "남성과 여성이 상호 배타적인 두 범주라는 생각은 '자연적'인 것이 아니라 의도된 것"이라고 주장합니다. 노동의 성적 분업을 유지하기 위해 남성들에게서는 "여성적"인 특성들을, 여성들에게서는 "남성적"인 특성들을 의도적으로 억제시켜 왔다는 것입니다. 그리고 이는 여성을 이성애 가족구조에서 교환 가능한 존재로 위치시키고자 여성 섹슈얼리티를 속박해 온 구조와도 연결됩니다. 따라서 게일 루빈은 "동성애에 대한 억압은 여성 억압의 체계와 동일한 체계의 산물"이라고 말합니다.[8]

그런데 몇 년 후의 논문 「성을 사유하기: 섹슈얼리티 정치학의 급진적 이론을 위한 노트」에서 루빈은 자신의 입장을 좀 더 수정합니다. 섹스/젠더 체계를 통해 억압적 사회규범을 유지시키고 섹슈얼리티를 통제해 왔다는 분석에서 더 나아가 섹슈얼리티 그 자체, 즉 특정한 욕망과 성 행동에 따른 위계와 억압에 좀 더 주목하게 되었기 때문입니다. 그래서 이 글에서는 스스로 "젠더의 파생물로서 섹슈얼리티를 다루는 최근 페미니즘 사유의 흐름에 반하는" 분석을 했다고 밝힙니다.[9]

사회는 사람들이 어떤 대상의, 몇 명의 사람들과, 어떤 장소에서, 어떠한 방식으로 성적 관계를 맺는지, 그 관계가 혼인관계 내에서의 성관계인지 아닌지, 장기적이고 지속되는 관계인지 아닌지 등에 따라 다양한 처벌과 보상으로 성 행동과 관계를 통제하고 있습니다. 그래서 이 성적 위계는 좀 더 복잡하죠. 젠더나 성적지향에 따라서만이 아니

---

8 Rubin, Gayle S., "Traffic in Women: Notes on the 'Political Economy' of Sex", Rayna R. Reiter (ed.), *Toward an Anthropology of Women*, New York: Monthly Review Press, 1975, pp.157-210.

9 게일루빈, 「성을 사유하기」, 임옥희 외 옮김, 『일탈: 게일루빈 선집』, 현실문화, 2015, 350쪽.

라 그에 더해 성 행동에 대한 규범에 따라서도 복잡한 그림이 그려집니다.[10]

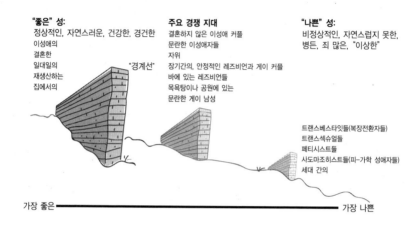

그림 1 **성적 위계 : 경계선이 그어지는 위치를 넘어서려는 투쟁**

"좋은" 성:
정상적인, 자연스러운, 건강한, 경건한
이성애의
결혼한
일대일의
재생산하는
집에서의

주요 경쟁 지대
결혼하지 않은 이성애 커플
문란한 이성애자들
자위
장기간의, 안정적인 레즈비언과 게이 커플
바에 있는 레즈비언들
목욕탕이나 공원에 있는
문란한 게이 남성

"나쁜" 성:
비정상적인, 자연스럽지 못한,
병든, 죄 많은, "이상한"

"경계선"

트랜스베스타잇들(복장전환자들)
트랜스섹슈얼들
페티시스트들
사도마조히스트들(피-가학 성애자들)
세대 간의

가장 좋은 ━━━━━━━━━━━━━━━━ 가장 나쁜

위의 그림에도 표현되어 있다시피 예를 들어, 같은 여성 이성애자라고 해도 결혼을 했는지에 따라, 어떠한 섹스 행위를 선호하는지에 따라 다른 위치에 놓일 수 있고, 동성애자 중에서도 장기적이고 지속적인 관계를 맺은 커플인지 아닌지에 따라 사회적으로 인정받는 위치가 달라질 수 있다는 것입니다. 그런 와중에도 가장 경계에는 '나쁘고/죄가 많은/더러운/병을 옮기는' 성 행동으로 세대 간의 관계, BDSM, 돈을 주고

---

10 위의 책, 307쪽.

받는 관계, 페티시즘 같은 것들이 있죠. 이런 행위들은 변태로 낙인찍히거나 폭력적이고 비정상적인 관계로 간주되며, 심지어는 처벌을 받습니다. 물론 여기서도 이성 간이냐 동성 간이냐에 따라 낙인과 처벌의 정도가 다르고, 젠더나 연령, 인종, 계급 등 다른 사회적 조건에 따라서도 사회적 위치와 권력의 작용, 행위의 효과는 달라지겠죠.

무엇보다 이러한 행위들이 사회적으로 어떻게 인식되고 처벌이나 보상을 받는지는 시대와 문화에 따라 달라집니다. 그 예로 게일 루빈은 남성 동성 간의 성적 관계가 완전히 남성적인 것이자, 연령에 따른 규범이고, 친족 지위에 따라서 파트너가 결정되는 어떤 뉴기니 부족의 경우를 언급합니다. 이 사회에서 이들은 특별히 '동성애자'이거나 '소아성애자'로 구분되지 않죠. 그러한 개념 자체가 별도로 존재하지 않을테고요.[11]

우리는 게일 루빈이 이 글을 썼던 시기를 주목해볼 필요가 있습니다. 1970년대 중후반에서 1980년대로 가면서 당시 미국에서는 성해방 운동과 페미니즘에 대한 강력한 백래시가 전개되었고, 성을 '위험한 것'으로 몰아가는 개신교 우파 중심의 성적 보수주의가 활개를 쳤습니다. 반동성애 선동과 성교육 반대, 결혼, 가족, 모성을 강조하는 우파의 선전이 만연하는 가운데 게일 루빈은 당시의 페미니스트 반 포르노그라피 운동이 이러한 상황들과 만나게 되는 상황을 우려했던 것입니다.

당시 안드레아 드워킨(Andrea Rita Dworkin)과 같은 반 포르노그라

---

11 위의 책, 313쪽.

피 운동가들은 포르노그라피가 남성 섹슈얼리티에 기반을 둔 판타지만을 재현하며 사도마조히즘 같은 폭력적인 관계를 반복함으로써 실제로 성폭력을 실행하게 하는 데에 중요한 영향을 미친다고 보았습니다. 그리고 이러한 주장을 바탕으로 「반 포르노그라피 시민권 법」의 초안을 작성하기도 했죠. 그러나 게일 루빈이나 앨런 윌리스(Ellen Willis) 같은 페미니스트들은 이러한 주장이 오히려 여성 섹슈얼리티의 가능성과 재현방식을 제약하고 억압의 구조를 다원적으로 보지 못하게 한다고 비판합니다. 또한 특정한 섹슈얼리티와 성적 관계, 행위들에 대해서는 당사자 간의 합의 여부나 상대방에 대한 존중의 여부와는 관계없이 법적인 제재와 처벌이 필요한 폭력적인 행위로 간주하게 만든다고 지적합니다. 그래서 「성을 사유하기」에서 게일 루빈은 이렇게 주장합니다.

> 페미니즘의 젠더 위계질서에 대한 비판은 급진적 성 이론에 통합되어야 하고, 성 억압에 대한 비판은 페미니즘을 풍성하게 해야 한다. 그러나 섹슈얼리티 특유의 자체 이론과 정치는 새로이 개발되어야 한다.[12]

한편, 인종, 계층, 장애, 지역 등에 따른 섹슈얼리티의 차이와 교차성 역시 반드시 고려해야 합니다. 페미니즘에서 정치적 의제로 강조하는 성폭력, 가정폭력, 낙태죄, 임금차별 등의 문제에서도 모든 여성들이 같은 맥락과 상황을 경험하는 것은 아니기 때문입니다.

---

12 위의 책, 352쪽.

다시 파이어스톤의 글로 돌아가 봅시다. 『성의변증법』에서 파이어스톤은 이렇게 쓰고 있습니다.

여성과 아이들은 화려하고 비활동적인 옷으로 구분되었고 특별한 과제(각각 가사노동과 숙제)가 주어졌다. 둘 다 정신적으로 부족하다고 여겨졌다. … 각 경우에 있어서 특수한 복장, 교육, 예절, 활동의 도움을 받은 육체적 차이점이 문화적으로 확대되어 왔다. 이 문화적 강화는 그것이 쉽게 고정화될 수 있는 '자연적'이고 심지어 본능적인, 쉽게 고정관념화 할 수 있는 과장의 과정으로 나타나기 시작할 때까지 확대되었다. 이 두 집단의 개인들은 결국 그 자체의 특이한 법칙과 행동의 구조를 가진 인간동물의 다른 종류로 나타난다. ("나는 절대 여자들을 이해할 수 없어!"… "당신은 애들 심리에 관해선 아무것도 몰라요!")[13]

그런데 아래에 남부의 흑인 노예였던 여성 소저너 트루스의 연설을 보세요.

"여러분, 이렇게 야단법석인 곳에는 뭔가 정상이 아닌 게 있음이 틀림없어요. 내 생각에는 남부의 검둥이와 북부의 여성 모두가 권리에 대해 얘기하고 있으니 그 사이에서 백인 남성들이 곧 곤경에 빠지겠군요. 그런데 여기서 얘기되고 있는 건 전부 뭐죠?
저기 저 남성이 말하는군요. 여성은 탈것으로 모셔드려야 하고, 도랑은 안아서 건너드려야 하고, 어디에서나 최고 좋은 자리를 드려야 한다고. 아무도 내게는 그런 적 없어요. 나는 탈 것으로 모셔진 적도, 진흙구덩이를 지나

---

13 파이어스톤(2016), 앞의 책, 130-131쪽.

도록 도움을 받은 적도, 무슨 좋은 자리를 받아본 적도 없어요. 그렇다면 나는 여성이 아닌가요? 날 봐요! 내 팔을 보라구요! 나는 땅을 갈고, 곡식을 심고, 수확을 해왔어요. 그리고 어떤 남성도 날 앞서지 못했어요. 그래서 나는 여성이 아닌가요? 나는 남성만큼 일할 수 있었고, 먹을 게 있을 땐 남성만큼 먹을 수 있었어요. 남성만큼이나 채찍질을 견뎌내기도 했어요. 그래서 나는 여성이 아닌가요? 난 13명의 아이를 낳았고, 그 아이들 모두가 노예로 팔리는 걸 지켜봤어요. 내가 어미의 슬픔으로 울부짖을 때 그리스도 말고는 아무도 내 말을 들어주지 않았어요. 그래서 나는 여성이 아닌가요?"[14]

백인 중산층 여성에게 가족이 억압의 매개였다면 흑인 여성에게 가족은 인종주의의 폭력에 맞서 지켜내야 할 공동체이기도 했습니다. 백인 중산층 여성에게는 낙태죄가 여성에 대한 섹슈얼리티 단속과 행복추구권에 관련된 문제였다면, 아예 단종의 대상이 되거나 누군가의 재산으로 취급될 자신의 아이들이 노예로 팔려가는 것을 지켜봐야 했던 흑인 여성에게 낙태는 전혀 다른 차원의 문제였겠죠. 가정폭력과 성폭력 또한 인종의 맥락이 교차되면 단순히 동일한 맥락으로만 이야기할 수 없는 문제가 됩니다. 킴벌리 크렌쇼는 인종차별에 대해 말할 때는 성적 특권을 지닌 흑인 남성에 초점을 맞추게 되고, 성차별을 말할 때는 인종적으로 특권을 지닌 백인 여성에 초점을 맞추게 됨으로써 결국 흑인 여성이 경험하는 차별의 맥락은 제대로 드러내기가 어렵게 된다는 사실에 주목했습니다. 흑인여성과 백인여성은 여성으로서

---

14 Halsall, Paul, "Modern History Sourcebook: Sojourner Truth: 'Ain't I a Woman?', December 1851", *Internet Modern History Source Book*, Fourdam University, 1997(검색일: 2018. 5. 6).

의 공통된 억압에 대해 함께 싸울 수 있지만 그 억압이 백인 여성이 요구받는 섹슈얼리티—남성에 의해 보호받아야 하는 순결하고 순종적이고 연약한 가정적 모성을 지닌 여성 섹슈얼리티—에 관한 문제만을 중심으로 강조된다면 흑인여성은 궁극적으로 자신의 맥락을 드러내기가 어렵게 되는 것입니다.

교차성에 대해 인식하는 것은 우리가 끊임없는 선별과 배제, 위계화를 통한 권력의 작동방식에 속지 않고 억압을 단선적으로 파악하거나 설정하지 않기 위해서 매우 중요한 문제입니다. 아래의 그림에서 각각의 선에 자신의 위치를 표시하고 선으로 연결해 보세요.

그림 2 특권과 억압의 교차축

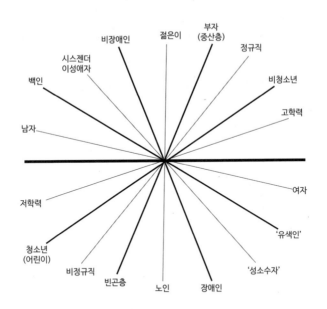

사실 우리 모두는 어떤 부분에서는 상대적으로 특권적인 위치에, 또 어떤 부분에서는 그렇지 않은 위치에 있습니다. 누구도 이 그림의 위쪽에만 위치해 있거나 아래쪽에만 있지 않을 것입니다. 권력은 하나의 축으로만 작동하지 않습니다. 단일한 억압의 축이 있고 그것만 뒤집으면 다른 모든 억압의 조건들로부터 해방될 수 있는 것이 아닌 것이죠. 이러한 권력의 작동에 영향을 미치는 것들 또한 국가나 정부뿐만이 아니라 미디어, 성적 관계, 규범, 법률, 교육기관, 종교기관 등 다양하게 존재합니다. 따라서 우리의 실천은 '정체성 사이의 횡단'이나 '정체성 그룹들 간의 연대'가 아니라 끊임없이 범주화와 규범화를 통해 정체성의 위계를 가르며 새로운 통제를 시도하는 구조-권력의 작동을 복합적으로 확인하고 인식하는 과정 속에 이루어져야 합니다. 다양하게 교차하고 변화하는 권력의 장을 계속해서 파악하며 서로의 목소리와 모습을 드러낼 수 있게 함으로써 변화를 진전시켜 나갈 수 있는 것입니다. 해방은 이를 통해 저항과 대안의 지점들을 역동적으로 함께 만들어내는 과정이 되어야 할 것입니다.

퀴어, 정체성과 규범의 경계를 흔드는 실천

한편 퀴어 이론은 정체성에 대한 고정된 인식 자체를 의심하고 해체합니다.

트위터에 어느 분이 직접 그려서 올리셨던 '인삼 밭의 고구마'라는 4컷 만화가 있어요. 인삼 밭에 있던 고구마가 주위의 인삼들을 보고 자기도 인삼인 줄 알고 행복하게 살고 있었습니다. 어느 날, 고구마 주제에 자기가 인삼인 줄 알고 행복해하는 그 모습이 보기 싫었던 인삼이 고구마에게 진실을 알려주겠다고 결심합니다. 그래서 고구마에게 진실을 말하죠. "넌 고구마야!" 그 말을 들은 고구마가 "아아아아아아~" 하더니 "아, 난 고구마구나~"하면서 다시 행복해합니다. 어찌 보면 정체성이란 바로 이 고구마의 자기 인식 같은 것이라고 생각해요.

　기존의 패러다임에서 정체성은 아주 중요한 문제였습니다. 자본주의에 맞서기 위해서는 노동자/프롤레타리아 계급으로서의 정체성을 자각해야 하고, 가부장제에 맞서기 위해서는 여성이라는 성적 계급의 정체성을 자각해야 하죠. 동성애자 운동은 애초에 병리화 된 집단의 이름이자 낙인의 이름이었던 '동성애자'라는 구분을 적극적으로 전유해서 정체성으로 삼았습니다. 이러한 정체성의 자각을 통해 집단적인 힘을 갖추고 억압과 차별에 맞설 수 있게 되는 것이죠. 그런데 다른 한편으로 우리에게는 국민, 민족, 성별 등과 같이 사회에 의해 규범적으로 주어져 내면화해 온 정체성도 존재하고 있죠. 그래서 사실 정체성 집단은 앞서 보았듯이 단일하지도 않을 뿐더러, 오히려 정체성에 따른 인식과 규범의 구조를 공고하게 하는 효과를 가지기도 합니다. 그래서 주디스 버틀러(Judith Butler)는 『젠더트러블』에서 젠더와 정체성에 대해 이렇게 질문합니다.

　'정체성'이란 말은 무엇을 의미할 수 있을까? 정체성이 자기 동일적이고 언제나 똑같이 지속되며, 통일되어 있고, 내적으로 일관되어 있다는 전제는 무엇에 근거한 것인가? 더 중요하게는, 어떻게 이런 전제들이 '젠더 정체성'의 담론에 관여하게 되었는가? … 여기서 문제는 이런 것이다. 즉 젠더를 형성하고 구분하는 규제적 관행은 어느 정도까지 정체성, 주체의 내적 일관성, 실로 그 사람의 자기 동일적 상태를 구성하게 되는가? … 다시 말해 '사람'의 '일관성'과 '연속성'은 그 사람됨의 논리적이거나 분석적인 특질이 아니다. 그보다는 사회적으로 구성되고 유지되는 인식 가능성의 규범들이다.[15]

페미니즘은 젠더 개념을 통해 생물학적 운명론인 것처럼 여겨졌던 성별(sex)에 대한 인식을 바꿔냈습니다. 즉, 마치 운명처럼 여성으로서의 규범과 역할을 내면화하고 살던 시대의 여성 정체성과 젠더 개념을 통해 새롭게 형성된 여성 정체성은 그 의미가 달랐던 것입니다. 그런데 급진주의 페미니즘의 흐름에서 성별 계급을 가장 중요하고 근본적인 문제로 설정하게 되면서 젠더는 다시 성별에 따른 정체성 집단의 범주로 간주되고, 섹슈얼리티도 젠더 정체성을 기반으로 형성되는 것처럼 전제하는 경향이 강해지게 되었습니다. '남성성'과 '남성 섹슈얼리티'라고 여겨지는 것들이 어떠한 사회적 영향 속에서 '남성의 것'으로 구성되었는지에 대한 문제보다는, 그 특정한 성향과 섹슈얼리티가 당연히 '남성'과 짝을 이루는 것으로 전제되고 따라서 그 자체로 폭력적이고 문제적인 것으로 여겨지게 되었던 것이죠.

반면 퀴어 이론은 정체성을 확정적이고 본질적인 것으로 다루지

---

15 주디스 버틀러, 『젠더트러블』, 조현준 옮김, 문학동네, 2008, 114-115쪽.

않고, 불확정적이며 계속해서 구성되고 변화하는 과정으로 봅니다. 오히려 중요한 것은 정체성 자체가 아니라 정체성을 형성하고 그에 따라 행동하도록 하는 데에 영향을 미치는 다양한 영향과 조건, 관계들이죠. 이전처럼 특정한 집단적 정체성을 중심으로 공통된 억압과 차별의 구조를 찾고 이를 바탕으로 권리 운동이나 해방의 조건을 찾는 대신, 퀴어 이론에서는 정체성의 범주와 규범, 이를 규율하려는 힘들을 문제 삼고 해체해 나가고자 합니다. 그런 의미에서 '퀴어'는 특정한 정체성 집단을 일컫는 말이거나, 단지 시스젠더 이성애자 외의 다양한 성적지향이나 성별정체성을 지닌 사람들을 통칭하는 것만은 아닙니다. '퀴어'가 정체성 집단을 의미하는 말로 이해될 때, 오히려 퀴어의 의미를 협소하게 만드는 것이라고 할 수 있겠죠.

급진주의 페미니즘에서 여성에 대한 남성의 지배와 억압을 이론적으로 설명해 냈다면, 퀴어 이론에서 문제로 삼는 건 애초에 이분법적인 성별 범주와 그에 따른 속성, 이성애 섹슈얼리티나 특정한 욕망 등을 본질적이고 고정 불변한 것으로 여기게 만들어 온 권력의 작동방식입니다.

따라서 '누가 여성 정체성을 지닌 집단의 구성원이 될 자격이 있는가'의 문제보다는, 이 사회가 '무엇을 기준으로 여성 범주를 규정하고, 통제하고 있는가'하는 문제에 초점을 맞추게 됩니다. 게이, 레즈비언, 바이섹슈얼, 트랜스젠더, 트랜스섹슈얼과 같은 정체성 범주에 대해서도 마찬가지입니다. 성적지향이나 성별정체성이 '타고났기에 어쩔 수 없는' 것이고, 고정불변한 것이어야만 그 정체성을 인정받을 수 있는 것이 아니라, 현재의 이분법적인 범주로는 자신을 설명할 수 없는 이들이 새롭게 담론을 형성하고 규범과 인식을 변화시켜 나가면서 자신의 정체성을 표현할 내용과 언어를 찾아가고 있는 것이라고 볼 수 있겠죠. 또한 이러한 관점에서 '권력'은, 특정 집단이 다른 집단에게 행하는 위계적이고 일방향적인 억압의 형태로만 작동하는 것이 아니라, 이 권력의 장에 개입하고 서로 경합하며 이를 활용하는 다양한 힘에 의해 계속해서 생성되고 변형되는 것이라고 봅니다.

그런데 이렇게 집단적 정체성이라는 것도 확정적이거나 본질적이라고 할 수 없고 권력도 계속해서 경합하며 변화해 나가는 것이라면, 우리는 우리를 억압하거나 차별, 착취하는 것들과 어떤 방법으로 싸우고 변화를 만들어낼 수 있을까요?

바로, 그 불확정성을 적극 이용하는 겁니다. 우리를 계속해서 특정한 범주 안으로 집어넣고, 규정하거나 규율하려는 권력과 담론의 장을 계속해서 뒤흔드는 존재들이 되는 것이죠. 고정된 형태로 한 손에 잡히지 않는 존재들의 움직임은 보다 더 역동적으로 곳곳에서 균열을 일으킬 수 있을 것입니다. 성별이분법의 틀로 규정될 수 없고, 이성애와 '정상가족'의 모델 안으로 포섭되지 않으며, 문제라고 낙인찍힌 사람들이 문제를 다시 정의하는 운동, 비정상과 정상에 대한 규정과 위계를 무너뜨리는 운동, 경계와 변방에 있는 '이상한' 이들이 변화의 주인공이 되는 운동, 법과 제도가 규율하고자 하는 테두리 밖에 있는 사람들의 연대와 연합, '착하고 정상적인' 시민이 될 수 있음을 증명하여 권리를 획득하는 전략보다는, '이상한' 이들을 있는 그대로 인정하고 보장하라는 요구와 전략. 퀴어의 운동방식은 이러한 과정을 통해 서로가 서로를, '이상한' 이들이 '이상한' 세계를 다른 세계로 '트랜스'하는 과정을 만드는 운동입니다. 그리고 퀴어 운동의 이러한 전략을 통해서 페미니즘은 성역할과 성적 규범, 섹슈얼리티의 통제, 남성중심주의와 이성애중심주의를 통해 유지, 강화되는 체제에 균열을 내고 함께 새로운 국면을 만들어낼 수 있을 것입니다.

운동의 전환을 위한 새로운 문제설정, 적녹보라 패러다임

이제 마지막으로, '적녹보라 패러다임'에 대해 이야기해 보겠습니다. 적녹보라 패러다임에 대해 자주 접하게 되는 몇 가지 오해가 있는데요. 하나는, 적녹보라 패러다임이 '여성 문제'를 중심에 두어야 하는 페미니즘에 노동이니 환경이니 하는 다른 문제들을 '섞어' 페미니즘을 취약하게 만든다는 것이고, 다른 하나는 노동, 생태/환경, 여성 운동 각 영역 간의 연대를 의미하는 개념으로 간주되는 것입니다. 그리고 최근 많이 접하는 오해는 적녹보라 패러다임을 교차성과 같은 의미로 생각하는 것이에요.

우선 적녹보라 패러다임은 각각의 운동 영역이나 주체들을 개별적으로 분리하여 설정해 놓고 '따로 또 같이'의 연대를 모색하는 것이거나, 단순히 문제를 뒤섞어 버리자는 것이 아니라, 우리가 살고 있는 체제와 이 체제에서 벌어지는 문제들을 서로 연동된 패러다임으로써 파악하고 대안을 모색하자는 제안이라는 점에서 운동 영역 간 연대와는 차이가 있습니다. 한편 교차성 이론이 다층적 억압구조와 그 교차점에 놓인 주체들의 위치를 드러내고 이를 정치화하는 데에 초점이 있다면, 적녹보라 패러다임은 애초에 억압의 구조를 파악하기 위한 문제설정을 달리하고 운동의 방향을 전환해 나가는 데에 보다 더 초점을 두고 있다는 점에서 다릅니다.

여기서 '적'은 노동과 계급의 문제를 이 세계의 주요 모순으로 다루는 이론과 실천을 의미하고, '녹'은 생태/환경, 종(種)과 관련된 문제를 중심으로 하는 이론과 실천을, '보라'는 성과 관련된 문제를 중요한 모순으로 파악하는 이론과 실천을 의미합니다. 지금까지의 운동이 주로 이렇게 각각의 영역에서 하나의 중심축을 놓고 체제에 대한 분석과 변화를 위한 실천을 모색해 왔다면, 적녹보라 패러다임은 현재의 체제를 이 모순들이 역사적으로 연동되어 작동해 온 구조로서 파악하고 그에 따른 실천을 모색하는 운동의 방향이라고 할 수 있겠습니다.

적녹보라 패러다임을 이해하기 위해서는 먼저 그 바탕이 되는 '가부장체제'에 대해 짚어보아야 하는데요. 고정갑희는 『가부장체제론과 적녹보라 패러다임』에서 현재의 체계를 가부장체제로 정의하고, 가부장체제의 구체적인 작동 구조로 '성종계급체계' '자본군사제국주의체계' '지구지역체계'라는 세 가지를 이야기합니다. 그리고 '성종계급체계'의 문제의식에 대해 아래와 같이 언급합니다.

가부장적 성체계에 대한 성 투쟁은 여성의 일이 생산이 아니고 노동이 아니라고 하는 체제에 대한 투쟁을 의미한다. 다시 말해 성 투쟁은 혐오, 차별, 불평등이라는 이데올로기 차원을 넘어 그것이 만들어내는 물적 조건들에 대한 투쟁을 의미하며, 이 투쟁은 이데올로기적 싸움이면서 더 나아가 그 구조적 조건, 물적 조건을 바꾸는 싸움을 의미한다. 성체계론은 성적 노동을 하는 주체들이 생산의 패러다임을 바꾸는 싸움과 기존 노동운동의 전환을 위한 이론이기도 하다. … 페미니스트들은 가부장제와 자본주의를 연동 관계로 놓고 논의를 진행했다. 가부장체제를 성종계급체계로 정의하고, 성체계를 기반으로 종과 계급체계를 말한다는 것은 두 가지로 이야기해 볼 수 있다. 첫째는 종과 계급도 체계로 정리될 수 있다는 것이고, 성과 종과 계급체계는 연동되어 있다는 것이다. 이 말은 성종계급체계는 성이 계급과 연결된다는 말이면서, 성과 종이, 종과 계급이 중첩된다는 말이다. 이렇게 말하는 것의 운동적 의미, 실천적 의미는 무엇인가? 그것은 각각이 해결해야 할 문제들이 있지만 동시에 연동해서 해결하지 않으면 해결이 되지 않는 문제라는 의미다. 이 셋을 따로 그리고 하나의 체계로 본다는 것은 행동의 방향을 잡는 데 중요한 의미를 갖는다.[16]

즉, 현재 전 지구적 영향과 동시에 지역적 맥락이 함께 연동되면서 벌어지고 있는 여러 차원의 문제들을 제대로 해결해 나가기 위해서는 생산관계를 임금노동을 중심으로만 설정해 온 방식, 생태/환경과 종 차별, 종 착취에 관한 문제를 단지 '인간 대 자연'의 구도로만 설정해 온 방식, 성적 억압과 차별, 착취를 성별 관계와 성적 관계를 중심으로만 설정해 온 방식을 넘어 이 모순들이 연동되어 함께 작동하고 있는 구조를 파악해야 한다는 것이죠.

일례로 페미니즘은 여성의 억압을 규명하는 작업에서 시작하여 이 억압의 구조가 결국 성적 지배 구조를 통해 세계를 움직여 온 하나의

---

16 고정갑희, 「가부장체제론과 적녹보라 패러다임」, 액티비즘, 2017, 22-23쪽.

제도, 체제로서 작동하고 있음을 규명해 왔습니다. 여기서 '성적 지배 구조'란 단지 '남성에 의한 여성지배'만을 의미하는 것이 아닙니다. 더 나아가 성별이분법과 남성 중심의 이성애 가족 제도를 통해 체제를 작동시켜 온 일련의 방식과 역사를 관통하는 것이라고 볼 수 있겠죠.

그 구조를 구체적으로 살펴보면, 아래와 같은 문제들을 확인할 수 있습니다.

- 남성 가부장을 중심으로 여성과 아이, 노인 등 다른 가족 구성원이 남성 가부장의 경제활동에 의존하도록 만들어 온 지배 구조, 그리고 이렇게 형성된 사유재산이 부계를 통해 상속되도록 만들어 온 역사
- 공적영역과 사적영역의 분리, 가사/돌봄/출산/양육 등의 노동을 비가치화하고 이를 1차적으로 여성의 영역으로 둠으로써 상품생산 임금노동 외부에서 잉여가치를 최대화하는 구조
- 이러한 시스템을 유지하기 위해 가족/친족체계를 통해 성별에 따른 성역할과 섹슈얼리티를 규범화하고, 이성애-일부일처제 섹슈얼리티의 강화하면서 이를 통제해 온 구조
- 이 과정에서 이루어져 온 남성들 사이의 여성 교환, 거래
- 인간(노동력) (재)생산의 유지, 통제, 관리를 위한 섹슈얼리티의 통제

이러한 지배구조를 유지하기 위해 사회는 더 규범적으로 '남성'과 '여성'으로 구분되어야 하고, 남성과 여성은 각자에게 주어진 역할을 해야 하며, 그 역할을 제대로 수행하기 위해 우리는 자신의 신체를 관리해야 합니다. 또한 성별에 따라 요구되는 섹슈얼리티를 내면화하기도 합니다. 그리고 이 모든 것을 '자연화'함으로써 통제가 아닌 '원래

그런 것'으로 받아들이게 하고, 특히 여성을 자연과 같은 존재로 위치시킴으로써 여성과 자연 모두 대상화와 무상의 착취, 교환, 거래가 가능한 존재로 만들고자 해왔던 것이죠.

이 시스템에서 주어진 성역할과 성별에 따라 요구되는 섹슈얼리티, 가부장적 가족체계, 인간(노동력)의 (재)생산에 순응하지 않는 여성들, 이 체제를 유지하기 위한 역할과 기대에 못 미치거나 거부하는 남성들, 질병이나 장애가 있는 사람들, 성별이분법과 이성애 섹슈얼리티에 어긋나는 정체성을 드러내고 성적 실천을 하는 사람들은 배제, 낙인, 차별, 처벌의 대상이 됩니다. 아래의 표는 이러한 성종계급체계의 구체적인 내용을 정리해 본 것입니다.

표1 성-종-계급체계의 작동

성	성별이분법	성별규범 성역할 성적 신체화 성별화된 섹슈얼리티
	이성애 중심주의	이성애-일부일처제-배타적 성애의 섹슈얼리티 이성애 정상가족 모델의 규범화
종	자연과 인간의 분리	이성, 지능, 본능, 언어, 고통 등의 개념과 수사를 동원하여 동물종과 인간종을 분리
		착취/수탈 가능한 자연과 보호/유지/관리해야 할 자연의 분리
	인간 종 사이의 분리	'합리적'이고 '이성적'인 인간과 '자연에 가까운 인간'의 구분
		비규범적이거나 그 사회의 정상성 기준에 맞지 않는 인간 집단의 종별화
계급		자본과 생산수단의 보유 여부에 따른 계급 성적 계급 문화적/사회적 계급

한편 아래 인용한 그레타 가드(Greta Gaard)의 「퀴어 에코 페미니즘을 향하여」라는 글은 섹슈얼리티의 통제와 '자연화'의 담론이 어떻게 연동되는지를 보여주고 있습니다.

서구 문화의 지배 담론은 성을 '자연화함'으로써 퀴어의 성을 '비자연적'인 것으로 그리하여 종속적인 것으로 구성한다. 제프리 웍스는 '지배적인 담론은 자연적인 것, 자연에 호소함으로써 우리를 고정된 진실의 세계에 위치시키고 우리가 무엇이고 누구이며 어디로 가고 있는지 말하려한다'고 주장했다. 자연에 대한 논의는 자연에서 무언가 새로운 것을 발견해내기 위해서가 아니라 사회적 규범을 정당화하기 위해 사용된다. 섹슈얼리티를 하나의 형태로 자연화하고자 하는 시도는 성적 다양성을 배제하여 섹슈얼리티에 대한 담론을 통제하는 서구문화의 동성애혐오와 성애공포의 표현이다. … 마녀로 고발된 여성은 단지 그들의 성별 때문이 아니라 성적이며 성애적인 행위 때문에 단죄되었으며 (여기에는 남성과 성행위를 하는 남성도 포함된다), 아메리카의 식민 정복자들은 선주민의 성적 행동을 근거로 스스로 자신에게 권한을 부여했다. 마녀사냥을 통한 여성의 박해, 과학을 통한 자연의 박해, 식민주의를 통한 선주민의 박해는 서구 유럽에서 같은 시기에 정점에 달했으며 이는 성애, 퀴어 섹슈얼리티, 여성, 유색인, 자연에 대한 이데올로기의 뿌리가 되었다.[17]

단지 인간이 자연을 어떻게 대상화하고 착취하는지의 차원이 아니라, 자연에 대한 인식과 태도가 인간 사회에서의 차별과 억압에도 어떻게 그대로 반영되고 적용되는지를 통찰하고 있죠.

---

17 Gaard, Greta, "Toward a Queer Ecofeminism", *Hypatia,* Vol. 12, Issue:1, 1997, p. 142.

자, 그렇다면 적녹보라 패러다임을 통해 우리의 운동은 어떻게 달라질 수 있을까요?

영화 〈인터스텔라〉를 보면 5차원의 공간이 등장하는데요, 하나의 선 위를 걷고 있는 개미를 생각해 봅시다. 이 선 위의 개미는 오직 앞만 볼 수 있습니다. 하지만 3차원의 공간에서는 사방과 공간을 인식할 수 있죠. 5차원의 공간이 되면 시공간의 새로운 차원을 인식할 수 있게 됩니다. 적녹보라 패러다임은 이러한 인식의 차원을 열어줄 수 있지 않을까요?

그림 3 자본주의 가부장제 경제의 빙산 모델

교차성 페미니즘

위의 그림[18]에서처럼 우리가 지금은 자본주의의 생산관계를 임금노동만을 중심으로 파악하고 있지만 사실 그 부분은 아주 작은 빙산의 일각일 뿐이고, 훨씬 더 방대한 비공식, 비임금 노동과 무급노동, 그리고 자연의 생산과 노동이 이 체제를 떠받치고 있습니다. 하지만 대체로 이 일들은 공식적인 '노동'으로 인정되거나 그만큼의 가치를 인정받지 못하고 있죠. 그런데 이 세계는 점점 이 무상의 노동으로부터 더 많은 이윤을 뽑아내고 있습니다. 이주 가사노동자의 증가나 각종 폐기물의 이동, 종자 특허로 엄청난 이윤을 취득하는 초국적 기업이 그런 현실을 그대로 반영하고 있죠. 태국에서는 야자 따는 원숭이가 임금 한 푼 받지 못한 채 인간 노동력을 대신해 하루 종일 거의 360일 동안 일을 하고 동시에 관광 자원이 됩니다. 적녹보라 패러다임의 관점으로 접근한다면 이러한 구조가 어떻게 서로 연동되며 계속해서 유지될 수 있는지를 보다 입체적으로 파악할 수 있을 것입니다. 또한 이러한 영역들이 점차 시장의 영역으로 확대되고 생식기술, 로봇기술, 바이오기술 등 과학기술의 발전과 함께 이른 바 '4차 산업혁명'의 시대와 만난다면 그야말로 '성종계급체계'의 '자본군사제국주의체계' 차원의 작동과 '지구지역체계' 차원의 영향을 총체적으로 파악하고 대응해나가지 않으면 안 될 것입니다.

---

18 이 그림은 작가 ElfceltRJL가 Veronika Bennholdt-Thomsen and Maria Mies, *The Subsistence Perspective*, Zed Books(2000)에 실린 표를 토대로 그린 것으로 원본 이미지는 http://ecosocialisthorizons.com/에 있음.

교차성, 퀴어 이론, 적녹보라 패러다임을 통해 다른 세계를 향한 행동으로 나아가기

저는 앞서 살펴본 교차성 이론과 퀴어 이론, 적녹보라 패러다임의 이론이 각기 이 세계를 분석하고 행동하는 데에 중요한 방향을 제시해 주고 있으며 페미니즘의 바탕 위에서 문제를 보는 인식의 틀을 확장하고 운동의 방향을 전환해 나가는 데에 서로 연동되어 있다고 생각합니다. 체제 분석의 이론으로서 적녹보라 패러다임은 교차성 이론과 퀴어 이론을 통해 그 내용을 보다 구체화할 수 있고, 행동의 방향으로서 적녹보라 패러다임을 고려할 때 운동주체들의 위치와 정체성, 권력의 작동에 관한 교차성 이론과 퀴어 이론의 문제의식은 보다 역동적인 운동의 방향을 제시해 줍니다.

사실 운동의 의제와 주체는 자꾸만 단일해지거나 단순해지기 쉽습니다. 그래야 더 명확하고 효율적이기도 하죠. 하지만 그런 방식의 운동이 반복되어 오다 보니, 세상은 빠르게 그 영역을 확장해 가며 담론과 이데올로기도 변화해 가는데 우리의 요구는 과거의 틀에서 크게 벗어나지 못하거나 변화하는 시대에 맞는 전망을 만들어 나가기가 어렵게 되었습니다. 무엇보다 각 영역의 운동에서 운동의 주체가 특정한 집단으로 전제되고 대표되다 보니, 늘 배제되고 비가시화되는 존재들이 있었죠.

일례로 한국에서 노동운동의 임금노동자는 아주 오랫동안 한국인 남성의 얼굴로 대표되었고, 임금노동에서의 생계부양자는 결혼한 이성애자 비장애인 가부장 남성으로 전제되었습니다. 때문에 남녀 노동자가 함께 노동 탄압과 열악한 노동현실에 맞서 싸워왔지만, 보다 구체적으로 임금수준, 노동조건, 노동환경, 노동공간, 복장규정, 노동시간, 역할배치 등이 얼마나 심각하게 성별이분법과 이성애-'정상가족', 비장애인 중심의 조건에 맞추어져 있는지는 잘 고려되지 못했죠. 만약 임금노동 밖의 노동의 영역들을 같이 고려한다면 임금노동만을 '일', '노동'으로 전제하는 '일·가정 양립정책'이나 '노동시간 단축' 같은 정책과 요구들이 과연 누구의, 어떤 노동만을 고려하고 있는지를 다시 볼 수 있게 되겠죠. 가정에서의 가사, 양육, 돌봄, 임신출산 노동 등은 여전히 주로 여성들에게 전가되고 있으며, 이 노동의 비가시화, 비가치화는 임금노동을 비롯한 정치·경제 영역의 전반에서 여성들에 대한 차별과 무시, 혐오, 성폭력으로 이어집니다. 동시에 기술의 발전과 노동유연화는 임금노동과 일상, 사회 영역에서의 노동의 관계, 노동시간과 공간의 문제를 새롭게 재조직하고 있습니다. 또한 성별이분법과 이성애-'정상가족' 중심주의는 애초에 노동시장에 진입하는 과정에서부터 성소수자들이 자신을 있는 그대로 드러내지 못하게 하며 노동 과정에서의 다양한 차별로도 연결됩니다. 다양한 성별정체성과 성적지향을 지닌 성소수자들은 사실상 자신의 성별정체성과 성적지향이 알려짐으로써 차별을 경험하기 이전에, 이미 이러한 노동조건과 교육과정 속에서 자신에게 전제되어 있는 구조적 차별을 맞닥뜨리게 되는 것이죠. 이주민의 경우 결혼이주와 이주노동을 구분하고, 이주노동에서도 노동 영역과 국적, 성별 등에 따라 자격을 세분화하여 체류 자격과 생활조건, 임신출산에 대한 결정권을 제약하고 있지만 이런 문제들은 전체 노동운동의 요구로서 연결되기보다는 별개의 요구들로 다루어지죠. 그리고 비장애인 남성 중심의 생계부양자 모델은 여성, 청소년, 장애인, 노인 등에게 기회 자체를 제약하거나 저임금의 노동을 감당하게 하고, 심지어 최저임금조차 보장해주지 않는 것을 당연한 전제로 유지하게 만들기도 합니다. 그리고 이러한 상품생산 노동의 구조가 얼마나 막대한 생태적 파괴와 착취를 바탕으로 작동하고 있는지의 문제도 그다지 중요하게 고려되어 오지 못했죠. 그러나 4대강사업이나 구제역 파동, 송전탑 건설, 핵발전소의 문제 등에서 확인하게 되듯이 자연과 동물에 대한 파괴와 착취는 결국 보다 더 열악한 조건에서 일하게 되는 노동자들의 문제와 연결되고, 그 노동구조 안에서 작동하고 있는 성차별적 노동조건의 문제, 환경과 땅의 파괴가 돌봄 노동과 임신출산 노동에 미치는 영향 등의 문제와도 연결됩니다.

중국에서 제작된 영화 〈플라스틱 차이나〉는 중국의 플라스틱 재처리 공장에서 일하는 가족들의 모습을 보여줍니다. 이 영화에 등장하는 가족들은 아주 어린 아이들까지 산처럼 쌓인 플라스틱 쓰레기 더미 위에서 노동을 하며 살아갑니다. 농사일을 하다가 4년 전에 이 공장으로 왔다는 이 가족은 돈을 벌어 다시 고향으로 돌아가고 아이들을 학교에도 보내겠다는 꿈을 가지고 있지만, 쓰레기더미 위에서 건강은 더 악화되어 갑니다. 공장에서 일손을 도우면서 동생들을 돌보는 일은 큰딸인 '이제'의 몫입니다. 중국은 세계 폐플라스틱 비닐의 56%를 수입하고 있으며, 2016년에만 730만 톤(31억 달러)을 수입했습니다. 한국, 일본, 유럽, 미국이 이런 플라스틱 폐기물의 주요 수출국이고, 영국의 폐지 55%와 플라스틱 25%, 미국의 전체 플라스틱 쓰레기 중 78%가 중국으로 수출되었습니다. 중국은 이렇게 고체 폐기물을 수입하여 부족한 자원으로 활용함으로써 경제 성장을 앞당겼죠. 이 가족의 상황을 아동 노동의 문제로만, 여성노동의 문제로만, 혹은 단지 노동의 문제나 환경의 문제로만 설명할 수 있을까요? 이 전 지구적인 시스템 안에서 자연과 노동과 성의 문제가 어떻게 하나의 패러다임으로서 긴밀하게 연동되어 작동하고 있는지를 이 영화는 명확하게 보여주고 있습니다.

여성운동의 여러 의제들 또한 주로 젠더 문제를 중심으로 설정되어 왔던 틀을 벗어나야 할 때가 되었습니다. 가정폭력, 성폭력, 성매매, 임신출산, 임신중지 등과 관련된 문제에서 성별정체성과 성적지향, 인종, 국적, 연령, 지역, 경제적 상황, 환경적 조건 등을 함께 고려한다면 우리의 요구와 운동 방향도 보다 확장될 수 있을 것입니다. 또, 그에 따라 함께 요구하고 움직일 수 있는 주체들도 더 확장될 수 있겠지요. 낙태죄 폐지에 대한 요구가 태아의 생명권과 여성의 결정권의 대립 구도 안에서만 반복될 때, '생명'과 '결정'은 마치 아무런 외부 요인의 영향 없이 존재하는 것처럼 간주되지만 적녹보라 패러다임의 관점에서, 혹은 교차성의 관점에서 낙태죄 문제를 다시 본다면 그 의미와 범주는 크게 달라집니다. 단지 임신중지를 결정할 권리 차원에서만이 아니라, 누가 어떤 존재를 낳거나 낳지 않도록 통제해 왔는지, 국가와 이 사회는 생명을 어떠한 관점에서 관리해 왔으며, 그 책임을 여성에게 전가하기 위해서 성별이분법과 이성애-'정상가족' 중심주의는 어떻게 활용되어 왔는지, 노동 조건과 거주 지역의 조건들, 신체에 미치는 환경의 영향과 과학기술의 영향은 어떻게 이 '생명'과 '결정'의 과정에 개입하고 작용해 왔는지를 드러낼 수 있게 되는 것입니다.

HIV/AIDS에 대한 사회적 낙인과 편견에 맞서온 감염인들의 운동은 정체성 범주를 중심으로 하는 투쟁을 넘어, 다양한 성적지향과 성별정체성을 지닌 사람들, 여러 형태의 비규범적 섹스 행위를 하는 사람들, 약물사용자, 성노동자, 이주민, 보건의료계의 종사자, 감염인의 가족과 친구들이 연합하는 정치적 행동주의 투쟁을 만들어 냈습니다. 퀴어 운동은 장애나 질병을 지닌 이들의 운동, 이주민의 운동, 불법적 존재로 낙인찍힌 이들의 운동, 사회적 경계에 놓인 이들의 운동과 보다 더 적극적으로 만날 수 있습니다.

이제 우리는 나의 권리, 내 운동의 중심성을 둔 채 다른 운동을 지지하는 차원의 연대가 아니라 우리 모두에게 함께 연동되어 있는 문제들을 같이 파악하고 드러내며 공동의 요구로 만들어가는 운동, 제도적 인정을 넘어 정상성의 범주를 해체하며 새로운 전환을 만들어내는 운동, 경계에 선 이들이 자신의 존재를 드러내고 새로운 힘들을 종횡무진 만들어내는 운동을 만들어가면 어떨까요?

세상은 이제, 정치적 형식상의 민주화, 경제 민주화를 넘어 우리의 일상과 관계, 가치를 바꾸는 대전환의 방향으로 나아가고 있습니다. 그 과정에서 배제와 차별, 착취는 이미 지금까지와는 또 다른 차원으로 전개되고 있죠. 환경 문제는 이제 더 이상 저 멀리 있는 북극곰의 문제만이 아니고, 노동문제는 전 세계적 차원에서 진행되고 있는 노동

구조의 변화와 환경 변화, 성별화된 노동의 위계화, 일상의 노동 구조까지 파악하지 않고는 대응하기가 어렵습니다. 섹스-젠더-섹슈얼리티에 연관된 성적 관계와 구조는 노동구조와 일상 영역, 자연과 동물이 활용되는 세계적 착취 구조의 변화 속에 밀접하게 연결되어 있습니다. 이 전환의 시대를 어떠한 세계로 만들어갈 것인지는 우리에게 과제이자, 동시에 가능성으로 남겨져 있습니다.

4

여자인 동물과 동물인 여자: 종차별주의를 넘어 교차성으로

황주영

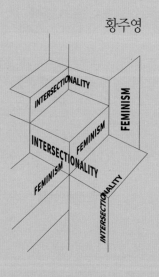

교차성: 더 정확한 방법

아마 많은 분들이 '동물'의 문제를 페미니즘 안에서 이야기하는 것을 의아하게 생각하실 것 같습니다. 더러는 동물과 여성을 연결하는 것이 거북하기도 할 거고요. 저는 그 거북함 자체가 동물과 여성을 비하하고 혐오하는 구조에서 나오는 것일지도 모른다고 생각합니다. 동물성과 여성성 사이에 어떤 복잡한 관계가 있다는 것이죠.

그림1 **PETA 캠페인 사진**[1]

한 에코페미니즘 공부 모임에서 동물보호나 동물해방 운동이 여

---

1 PETA, "All Animals Have the Same Parts",
https://www.peta.org/features/pamela-anderson-shows-animals-same-parts/

성의 몸을 캠페인에 사용하는 방식에 대해 토론한 적이 있어요. 이 사진은 세계적인 동물권리운동단체인 PETA(People for the Ethical Treatment of Animals)의 캠페인 홍보물입니다. 사진에 있는 여성은 파멜라 앤더슨이라는 유명한 모델이자, 섹스 심벌로 잘 알려진 인물입니다. 그의 몸에 우리가 흔히 돼지나 소에게 하듯이 부위별로 구분선과 명칭을 적어놓았지요? 동물이나 인간이나 모두 살아있는 몸이라는 점에서 크게 다르지 않다는 메시지를 전하고 싶은 것 같습니다.

저는 이런 캠페인 방식이 별로 효과적이지 않고 여성 신체의 상품화와 여성에게 기대되는 전형적인 미적 기준을 이용하기 때문에 옳지 않다는 이야기를 했습니다. 아름답거나 섹시하다고 여겨지는 여성 나체는 육식이나 동물실험, 모피에 반대하는 캠페인에 자주 활용되는데요, 처음에 이목을 끄는 데는 성공하겠지만, 결국 여성의 몸에 대한 전형적인 성적 이미지만 남고 메시지는 휘발되어 버리지 않을까 생각합니다.

토론 중에 저는 "이런 방식의 캠페인이 페미니스트들이 동물 운동에 접근하기 어렵게 하는 걸림돌"이라는 요지의 말을 했습니다. 그런데 그 자리에 함께 있던 한 비거니즘[2] 활동가 분께서 그 말을 저에게 똑같이 돌려주었습니다. 육식에 대한 페미니스트들의 무비판적인 수용이 동물해방 활동가들에게 페미니즘의 진입장벽이 된다는 것이었습

---

2 식습관뿐 아니라 의복, 잡화, 생필품 등 일상적으로 사용하는 모든 물건과 서비스에서 동물성 제품을 사용하지 않는 것을 지향하는 태도와 생활방식, 사회운동을 의미한다.

니다. 우리 두 사람은 웃었습니다. 싸움이 아니라 웃음이 가능했던 이유는 저는 동물과 자연에 대한 새로운 관점이 페미니즘에 도움이 될 것이며 가부장제 안에서의 여성의 자리와 인간중심주의 안에서의 동물의 자리가 겹쳐진다는 것을 알고 있고, 그 분 역시 페미니즘이 동물해방운동에 도움이 되며 동물과 여성이 비슷한 문제를 겪고 있다고 생각하기 때문입니다.

어떤 사회 운동, 정치 운동 안에 다른 소수자나 사회적 약자에 대한 문제적인 태도가 있고 감수성이 부족하다고 해서 그 운동의 취지나 의미 자체가 사라지는 것은 아닙니다. 우리는 페미니스트이더라도, 혹은 '여성'이나 '성소수자'라는 피지배 집단에 속하더라도, 우리 자신의 무지나 무관심, 또는 어떤 관점의 부재로 인해 동물을 비롯한 다른 피지배 집단에 대해 폭력을 저지르는 가해자가 되거나 의식하지 못하는 사이에 특권을 누리고 있을 수 있습니다. 농장이나 공장, 실험실에서 동물이 겪는 고통이 얼마나 만연한지 잘 모를 때는 가까운 마트에서 생필품을 대충 골라 담을 수 있는 것이 큰 특권임을 알지 못합니다. 동물해방운동에 헌신하는 활동가들 역시 무지나 무관심, 특정한 관점의 부재로 인해, 상품화되는 전형적인 여성 이미지를 사용하는 데 들어있는 문제점을 볼 수 없을 수도 있습니다.

페미니스트의 입장에서 중요한 것은 다른 지배구조나 폭력, 억압이나 착취에 관심을 기울이고 배울수록, 여성의 경험을 더욱 예리하게 인식하고 더 구체적으로 설명하며, 더 적합한 대안을 마련하는 데 필요한 운동의 전략과 언어를 벼릴 수 있다는 것입니다. 성별 권력 외에 다른 권력의 문제들을 '각자의 배, 각자의 노'로 여기고, 다른 혐오의 언어와 이미지를 운동의 전략으로 사용하는 것은 정치적, 윤리적으로 옳지 않습니다. 뿐만 아니라, 우리가 타고 있는 이 배가 어디에 있는지, 앞으로 날씨와 파고는 어떨지, 행선지가 어디인지 알고 조타를 하는 대신 눈앞의 파도만 보고 노를 젓는 것이나 다름없습니다. 저는 이 것이 페미니즘에서 그리고 더 나은 세계를 요구하는 모든 운동과 이론에서 교차성을 방법론으로 채택해야 하는 이유라고 생각합니다.

동물 X 여성: 교차성의 두 차원

저는 교차성에 두 차원이 있다고 생각해요. 하나는 앞의 다른 글들에서 강조되는 여성들이 겪는 경험의 차원입니다. 즉 성차별과 여성혐오의 피해 당사자인 여성들이 겪는 경험의 양상이 오롯이 가부장제에 의해서만 결정되는 게 아니라는 것이죠. 한 여성을 그 사람으로 규정하는 데 동원되는 여러 정체성들과 그 정체성을 둘러싼 사회적, 경제적, 문화적 권력관계들이 화학작용을 일으켜 독특한 경험을 만들어내기 때문에, 일부 여성들의 경험을 모든 여성의 공통 경험으로 간주할 수 없다는 것입니다.

그런데 이 차원에서는 동물과 여성의 교차성에 관해 할 이야기가 그리 많지 않은 듯 보입니다. 여성은 동물이 겪는 폭력이나 착취의 피해 당사자가 아니기 때문입니다. 그러니까 동물학대에 관심을 갖는 것이 어떤 여성의 정체성이나 페미니스트 주체성에서 당연하게 도출되거나 경험되는 것은 아닌 것처럼 보인다는 것입니다. 그렇다고 연관이 없진 않습니다. 여성으로서의 우리의 경험을 구성하는 여러 축들 중에는 동물이라는 정체성도 있기 때문입니다. 그렇습니다. 우리 역시 동물입니다.

우리는 이런 말을 자주 하거나 듣습니다. "여자는 인간 취급을 안 한다" "성폭력을 당하는 동안 내가 고깃덩어리가 된 것 같았다" "출산과 수유 과정에서 내가 젖소가 된 것 같았다." 이 말들 속에 들어있는 보이지 않는 전제들은 이렇습니다. "동물은 그렇게 대해도 된다" "고기는 원래 고기다" "육체의 생물학적 기능은 인간적 기능, 정신적 기능보다 가치가 떨어진다" 그래서 "여성이 동물처럼 취급당하는 일은 부당하다. 여성에게도 인간적 기능이 있기 때문이다." 어떻게 들리시나요? 여성들이 경험하는 '동물화'는 동물을 인간보다 열등하다고 여기는 생각과 단단히 연결되어 있습니다.

반면 "남자는 다 늑대" "짐승남" "성욕은 남자의 본능"과 같은 말들 속에서 남성이 경험하는 '동물화'에는 동물이 인간과 달리 본능에 충실하여 앞뒤 가리지 않고 자기가 원하는 것을 취하려고 하며 판단력이 아니라 본능에 끌려다니는 존재라는 전제가 있고, 이것을 통해 남성의 폭력이 정당화됩니다. 달리 말해 여성이 겪는 폭력적인 경험들 중에는 동물이나 자연에 대한 편견이나 혐오를 통해 생산, 강화, 정당화되는 것들이 있습니다.

제 생각에 교차성의 두 번째 차원은 지배 구조나 체계들 사이의 교차입니다.[3] 가부장제, 자본주의, 인종차별주의, 종차별주의(인간중심주의), 이성애중심주의 등이 각자 홀로 작동하지 않고 이미 서로 침투하면서, 서로를 구성하는 요소로 기능한다는 것입니다. 동물이라는 정체성이 여성에 대한 폭력의 직접적인 대상이나 이유가 되지 않을 때에도 그렇습니다. 가부장제가 제대로 작동하기 위해서는 종차별주의를 요구하고, 인간중심주의는 가부장제와 자본주의, 이성애중심주의를 요구하며, 마찬가지로 자본주의는 가부장제와 인간중심주의를, 이성애중심주의는 가부장제와 인간중심주의를 필요로 합니다.

여성과 동물, 자연이 대가를 받지 못한 채 빼앗기고 있는 노동력이나 생산물, 재생산물을 당장 오늘부터 쓸 수 없다고 가정해 보세요. 자연이 광물을 주지 않고, 동물이 생명을 주지 않으며, 여성이 전면적인 출산파업과 가사노동, 돌봄노동 파업을 한다면 자본주의는 멈출 것입니다. 암탉이 알을 낳을 때마다 무엇으로든 임금을 지불한다면, 가정에서 여성이 무임금으로 해왔던 가사노동, 육아노동, 돌봄노동에 임금을 지불한다면, 과학자와 제약회사가 식물 추출물로 만든 물질에 특허권을 갖고 돈을 벌 때마다 식물에 수수료를 내고 그 효능을 발견해 수백 년간 사용해 왔던 지역 공동체에 저작권료를 내야 한다면, 깃발 꼽고 갈라먹은 땅을 동물과 식물을 포함해 지구에 살아가는 모든 생명체

---

3 교차성 논의의 흐름과 개념적 다양성에 대해서는 다음 논문을 참고할 것. Choo Hae Yeon, Ferree, M. M., "Practicing Intersectionality in Sociological Research: A Critical Analysis of Inclusions, Interactions, and Institutions in the Study of Inequalities", *Sociological Theory*, 28(2), 2010, pp. 129–149.

에게 동등하게 재분배하거나 공유해야 한다면. 그러면 기업과 국가는 파산할지도 모릅니다.

최대한 자손을 많이 낳는 것이 성의 유일한 목적이자 생명체의 본능이라는 생각이 편견에 불과하다는 것을 우리가 잘 알게 되면, 여성에게 출산을 강요하고 임신중지의 권리를 박탈하고 동성애자들을 비난하려고 끌어들이는 중요한 논리 중 하나가 사라질 것입니다. 동물과 자연이 인간보다 열등하지 않다면, 그래서 유색인종과 선주민들을 인간이 아닌 '동물'로 간주하여 그들을 야만인으로 취급할 수 없었다면, 그 야만인을 계도하겠다는 명분으로는 식민지를 건설할 수 없었을 것이며 그들을 노예로 삼지 못했을 것입니다.

에코페미니스트는 이런 문제들에 착목합니다. 에코페미니즘이 여성의 종속과 생태 위기, 동물 학대, 자본주의의 폐해 등을 통합적으로 사유하고 분석하는 데는 몇 가지 방식이 있습니다. 하나는 앞에서 본 것처럼 사회와 문화에 존재하는 수많은 권력관계와 지배 체계가 여성과 자연, 동물에 어떻게 유사한 문제를 발생시키는지를 보여주는 것입니다. 이와 관련해 이 강의에서는 여성과 동물에 대한 섹슈얼리티와 재생산 통제를 중심으로 살펴볼 계획입니다. 두 번째 방식은 이 지배 체계들이 실은 하나이거나 적어도 유사한 논리와 구조로 작동한다는 것을 밝힘으로써 그 논리와 구조 자체를 붕괴시키려는 것입니다. 에코페미니스트인 발 플럼우드(Val Plumwood)와 그레타 가드의 논의를 따라, 지배의 구조와 논리를 정리해 보겠습니다. 세 번째는 자연, 동물, 생명을 새롭게 이해함으로써 페미니즘의 주된 관심사인 육체, 섹슈얼리티, 섹스와 젠더, 욕망, 정체성 등의 개념들을 재구축하는 것입니다. 즉 페미니즘이 자연과 생명의 개념들에 대한 우리의 이해를 조정하는 한편, 자연과 생명 개념에 대한 새로운 과학적 이해가 페미니즘의 개념들에 다른 가능성들을 열어주기도 하는 것이죠. 이 마지막 부분은 이 강의에서 자세히 언급하기 어렵습니다. 캐런 버렛(Karen Barad), 카트리오나 샌딜랜즈(Catriona Sandilands), 발 플럼우드 등의 에코페미니스트와 뤼스 이리가레(Luce Irigaray), 엘리자베스 그로츠(Elizabeth Grosz), 로지 브라이도티(Rosi Braidotti)와 같은 페미니스트 철학자들의 저작이 이런 주제를 다룬다는 것을 소개하는 정도로 해두겠습니다.

여자인 동물과 동물인 여자의 동병상련

어째서 페미니스트들은 동물의 문제에 관심을 갖게 되었을까요? 에코페미니즘이라는 이름이 생기기 이전, 이미 자유주의 페미니즘 시기에도 페미니스트들은 동물에 관심을 가졌습니다. 1700년대에는 메리 울스턴크래프트(Mary Wollstonecraft)가 있었고, 마가렛 풀러(Margaret Fuller)는 1845년의 책 『19세기의 여성』에서 동물의 처지를 언급했습니다. 참정권 운동에 뛰어들었던 이 여성들은 채식주의나 동물원 동물 해방에 관한 캠페인을 벌이기도 했다고 합니다. 샬롯 퍼킨스 길먼(Charlotte Perkins Gilman)은 소설 『허랜드』(1915)에서 가부장제가 없는 여성들만의 사회에서는 동물학대는 물론 젖소한테서 우유를 빼앗는 일도 없을 것이라고 상상했지요. 버지니아 울프는 1938년 작품 『3

기니』에서 이렇게 말합니다.

> 엄청난 수의 새들과 짐승들이 죽임을 당한 것은 당신들[남성들]에 의해서지 우리에 의해서가 아니다.[4]

코럴 랜스버리는 『늙은 갈색 개』(1985)에서 자유주의 페미니스트들이 보여준 동물에 대한 관심과 행동의 의미를 이렇게 표현합니다.

> 생체실험자의 칼 앞에서 줄에 묶인 모든 개나 고양이는 여성들이 그들 자신의 조건을 떠올리게 한다.
> 생체실험을 당하는 개의 이미지는 브릭스톤 감옥에서 강제급식을 당하고 있는 전투적인 여성참정권 운동가의 이미지와 구별하기 힘들게 된다.[5]

남편에게 구타당하고 남편의 집안에 강제로 귀속되어 임신, 출산, 육아, 가사노동에 묶여있는 여성과 동물의 처지가 비슷해서, 페미니스트들에게 공감과 유대감을 불러일으켰을 거라는 거죠. 사실 근대과학의 발전에는 동물의 희생이 따랐는데요, 당시 인간 외의 동물은 시계와 같은 기계장치로 간주되었고, 엄청나게 유행했던 해부학 실험실에서 마취도 하지 않은 채 개나 고양이를 묶어놓고 배를 가르는 실험들이 넘쳐

---

4 버지니아 울프, 「3기니」, 『자기만의 방』, 이미애 옮김, 민음사, 2006, 181쪽.

5 Donovan, Josephine, "Animal Right and Feminist Theory" in Gaard, Greta, *Ecofeminism: Women, Animals, Nature*, Temple University Press, 1993, p.179에서 재인용.

그림 2 **고기음식점 광고전단**   그림 3 **노래주점 입간판**

났습니다. 고통에 울부짖는 동물의 신음소리는 당시 과학자들에게는 시계태엽을 감을 때 나는 소리 정도로 취급되었다고도 합니다. 이 상황을 보면서 페미니스트들은 '우리를 동물과 동급으로 취급하지 마'라고 말하는 데서 그치는 대신, 동물의 고통도 이해했던 것 같습니다.

우리가 살고 있는 시대는 그때와는 많이 다르지만 여전히 동물과 여성의 처지가 유사함을 보여주는 사례는 많이 있습니다.

광고에 여성의 성적 이미지를 사용하는 것은 아주 흔한 일입니다. 고깃집 광고전단에 있는 '파격노출'이라는 단어와 핀업걸 포즈의 여성 실루엣, 그 바로 아래 적힌 가격은 좀 더 직접적으로 여성의 몸 이미지를 상품이 된 동물의 몸과 묶어주고 있죠. 노래주점의 입간판에 메뉴

그림 4 **돼지의 신체부위**

그림 5 **여성의 신체부위와 다이어트** [6]

에 '아가씨'는 좀 더 확실하게 상품으로서의 여성의 지위를 드러냅니다. 두 가지 살아있는 몸, 자기 고유의 경험과 삶을 지닌 살아있는 몸이 상품이 되어 전시되는 풍경이죠.

동물의 몸이 인간의 '입맛'에 맞춰 부위별로 조각나고 명명되는 것과 마찬가지로, 여성의 몸은 남성의 욕망에 따라 부위별로 평가되고 관리되어야 하는 몸으로 나타납니다. "알고 먹자"는 제목의 이 페이스

---

6   페이스북 〈여혐별곡 대나무숲〉 페이지, 2017년 8월 4일 게시물.
https://m.facebook.com/story.php?story_fbid=1338370002938949&id=1109458042496814

그림 6 고기집의 광고 현수막

북 게시물은 다이어트 참고용 그림이에요. 어떤 음식을 먹으면 어디에 살이 찐다는 걸 알려주는 거죠. 이 게시물에 남자들이 자기 여자친구를 태그해서 댓글을 달아놓습니다. 가슴은 큰 게 좋으니 '치즈를 많이 먹으라'고 말이죠.

　동물의 몸과 여성의 몸은 상품이 될 뿐만 아니라, 상품 스스로가 자신을 광고해야 합니다. 음식점이나 티비 광고에서 동물이 등장해 직접 '나는 맛있다', '내 삶의 목적과 기쁨은 인간을 위해 고기가 되는 것'이라는 메시지를 전달합니다. 심지어 사진(그림 6)처럼, 요리되는 동물이 직접 요리사의 옷을 입고 칼을 들고 있기도 합니다. 여성도 성매매뿐만 아니라 다양한 상황에서 자신의 매력을 드러내어 자신이 상품으로서 가치가 있다는 것을 피력해야 합니다. 물론 동물과 여성에게 다른 점은 있습니다. 동물은 완전히 강제로 출생부터 죽음 후까지 인간에 의해 모든 것이 결정되는 종속상태에 있습니다. 하지만 여성의 경우에는 자신의 선택, 의지가 개입되기도 합니다. 순수한 자발성도, 순수한 종속도 없다는 점에서 이건 복잡하고 어려운 문제입니다. 다만 여기서 제가 말하려고 하는 것은 동물과 여성이 마치 순전히 자신이 원해서 또는 아무 고통이나 갈등 없이, 상품이 되기를 원해서 소비자인 인간이나 남성을 스스로 유혹한다는 이미지가 이들에 대한 폭력과 지배를 정당화하는 데 이용된다는 점입니다.

여성과 동물이 취급되는 방식의 유사성은 섹슈얼리티와 재생산에 대한 통제에서 가장 잘 드러납니다. 그 두 가지를 좀 더 상세히 살펴보겠습니다.

섹슈얼리티 통제: 성폭력과 이성애중심주의

첫 번째는 섹슈얼리티 통제입니다. 여기에는 크게 두 가지, 성폭력과 이성애중심주의가 있습니다. 시선폭력부터 강간에 이르기까지 여성에 대한 성폭력에 대해서는 자세히 말씀드리지 않아도 잘 아시리라 생각합니다. 성폭력은 여성에게는 평생에 걸쳐 일상적으로 일어나는 일이라고 할 수 있겠죠. 동물들 역시 이런 일을 당합니다. 여기서 이야기하는 동물은 주로 축산업에서의 동물들입니다.

혹시 강간틀(rape racks)이라는 말을 들어보셨나요? 강간틀은 축산 농장에서 암소를 임신시킬 때 사용하는 틀인데요, 생긴 모양은 다양해요. 철재로 된 틀에 암소의 목을 매고, 사지를 묶어 세워놓습니다. 소가 사람보다 크고 힘도 세기 때문에, 그냥 작업을 할 수 없으니까 이런 틀을 사용하는 거죠. 한동안 미국의 축산농장에서 이 틀을 강간틀이라고 불렀다고 해요.[7] 동물학대를 고발하기 위한 잠입취재 영상들을 보면 암소를 인공수정시킬 때 노동자들이 "자, 어때, 이제부터 내가 너를 강간할거야" "내가 기분 좋게 해줄게. 얌전히 있어" 등의 말을 하기도 합니다. 이 틀에 암소를 세워 놓고 그림에 보이는 인공수정용 총을 사용해서 임신을 시키는 거예요. 이 총 안에 수소의 정액을 담고, 한 손으로는 암소의 항문을 통해 직장으로 팔을 집어넣어서 총이 잘 들어가는지 확인하고, 다른 손으로는 질을 통해서 총을 집어넣어 자궁에 정액을 주입하는 거죠.

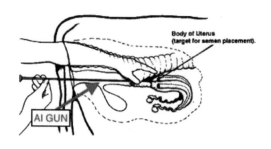

그림 8 **암소의 인공수정 방식(출처: 동물권리 웹진 〈Their Turn〉)**

돼지 등 축산업에서의 다른 동물들도 비슷한 상황입니다. 축산업자의 입장에서는 새끼를 빨리 많이 낳도록 해야 하기 때문에 동물들이 직접 짝을 고르고 교미를 하도록 하는 게 아니라 인공수정을 시키는

---

7 Shuchat, Shimon, "The Rape Racks", *Their Turn*, 2016. 6.15. https://theirturn.net/016/6/15/2016061420160613the-rape-rack/ (검색일: 2018. 1. 20.)

4. 여자인 동물과 동물인 여자: 종차별주의를 넘어 교차성으로

데, 그 과정에서 인간이 손이나 기계장치를 이용해서 직접 수정을 시키기 때문에 동물의 신체에 강제로 접촉하고 침투하는 것이죠. 우리는 당연히 이것을 강간이라고 부를 수 있을 겁니다. 반려동물 산업에서도 이런 일이 일어나죠. 얼마 전에 〈TV동물농장〉에서도 보도가 됐고 동물운동단체에서도 많이 제기했던 문제인데, 개농장에서 모견이 강아지를 임신하게 하려고 개농장 주인들이 억지로 발기를 시켜서 교배를 하게 하는 일이 빈번하게 발생해요. 특히 혈통 있는 개나 고양이를 생신하기 위해서 교배를 강제하기도 하고요. 우리가 보통은 자기가 기르는 개를 수간하는 사건을 가장 악랄하고 비윤리적인 문제라고 생각하고 경악하지만, 오히려 이런 수간은 드문 일이죠. 우리가 매일 먹는 고기들은 모두 이런 강간의 방식으로 생산되고 있고, 우리가 사랑하는 반려동물도 인간의 성폭력의 결과이거나 성폭력을 이미 경험했을 수 있습니다.

인간 외에 여자인 동물과 인간인 여성이 겪는 성폭력의 차이점이라면 전자는 대부분 인간의 경제적 이익을 위해 자행되는 폭력이라면, 후자는 남성이 자기 권력을 확인하거나 무제한으로 욕구를 만족시키려는 목적, 여성의 섹슈얼리티를 통제해서 남성에게 종속시키려는 목적을 갖는다는 것입니다.[8] 공통점은 이렇습니다. 인간 여성을 포함해

---

8 한국어는 신체부위나 성별 등에서 인간과 인간 외의 동물을 구별하는 용어를 사용한다. 표준어 맞춤법을 따르려면 '여자, 남자' 또는 '여성, 남성'과 '암컷, 수컷'으로 구별해서 써야 한다. 하지만 이 글에서는 '암컷 동물'을 '여자인 동물'로 쓰고자 한다. 첫 번째 이유는 인간인 동물과 다른 동물을 구별하고 서열화하는 종차별적 언어를 대체하기 위해서이다. 두 번째 이유는 인간 역시 동물임을 환기하려는 것이다. '여자인 동물'에는 인간 여성도 포함된다고 할 수 있다. 이를 통

여자에게는 성적 자율성이 없고, 성적으로 수동적이며, 쾌락에 큰 관심이 없는 대신 그들의 성적 목표와 본질은 번식이기 때문에, 이들의 신체는 소유주 또는 소비자인 남성이나 인간이 마음대로 해도 좋다고 생각하는 것입니다.

그런데 어떤 동물들은 이런 성폭력의 과정에서 성적인 신체의 자율성을 침해당할 뿐 아니라 이성애중심주의로 인해서도 피해를 보게 됩니다. 우리가 일반적으로 추정하는 것과 달리, 자연계에는 무수히 많은 섹슈얼리티가 있어요. 인간과 가장 가까운 종인 포유류와 조류에서, 아주 보수적으로 잡아도 300여종, 많게는 450여종의 동물에서 동성 커플이 빈번하게 발견됩니다. 이들은 각 종의 성적 습관에 맞게 장기적으로 또는 단기적으로 관계를 맺고 가깝게 지내면서, 서로 애무를 하고 구애의 춤을 추기도 하고, 함께 거처를 마련하고 부모 잃은 새끼를 데려다가 같이 키우기도 합니다. 박테리아에는 성이 2400여 개나 된다고 해요. 그러니까 성적 교환의 양상은 더 다양하겠죠. 전갈은 번식이 필요할 때 직접 몸을 맞대지 않아도 된다고 합니다. 남자 전갈이 정액이 든 주머니를 땅에 떨어트리면 맞은편에 서 있던 여자 전갈이 다가와 주머니를 몸에 담고 떠나면 그만이라고 해요. 인간과 가장 많은 유전자를 공유하고 있는 보노보 침팬지가 공동체의 화합과 갈등의 해소를 위해 이성애 섹스, 동성애 섹스, 그룹 섹스를 활용한다는 것은

해 여성을 동물에 빗대는 것이 비하가 되는 경계와 관계를 흐릿하게 만들고 싶기도 하다. 그래서 조금 복잡하지만 표현을 달리하고자 한다. 하지만 문맥에 따라서 혹은 필자의 언어적 부족함 때문에 모든 경우에 용어를 대체할 수 없었다. 강조할 필요가 있는 경우에 성별 표현만 대체했다.

잘 알려져 있고요, 수중동물 수백종은 필요에 따라 성전환을 합니다.

　물론 동물들의 생활방식을 직접 인간과 비교하는 것은 좋은 방법이 아닙니다. 설사 다른 동물 종에서 단 한 번도 동성애나 트랜스젠더가 발견되지 않는다고 해도, 그건 다른 종의 생활이니까, 인간의 행동과 삶의 방식은 인간 종의 특성에 따라 이해되어야 합니다. 하지만 자연계의 성적 다양성에서 우리가 배울 수 있는 것은 우리가 어떤 행위방식을 간단하게 정상, 비정상으로 나누고 판단하기에는 세상에는 무수히 많은 삶의 형태가 있다는 것, 그리고 그 다양성이야말로 세계를 살아있게 하는 핵심요소라는 점이 아닐까 합니다.

　생물학자들은 이것을 오랫동안 잊고 있었습니다. 가령 과거에 한 조류학자는 새를 사랑하는 마음으로 자기가 자주 가는 공원에 새집을 지어주었는데요, 거기에 입주한 새가 남자 동성커플이라는 것을 알게 되자 엄청나게 화가 났다고 합니다. 이 사람은 동성 커플이 어디선가 알을 가져와 품으면서 부부 행세를 하는 것이 못마땅해서 자기가 지어준 집을 부수고 새들을 쫓아버렸다고 해요. 또 하나 재미있는 사례가 있습니다. 이스라엘에는 성경에 등장하는 동물만 모아둔 동물원이 있대요. 그런데 이 동물원에서 남자인 흰목걸이독수리 동성 커플이 발견됩니다. 청천벽력 같은 일이 벌어진 거죠. 성스러운 성경에 기록된 신의 축복을 받은 동물들만 모아놨는데 천벌 받을 동성애라니! 성직자들은 주민들의 관람을 금지하려고 했다고 합니다. 반면 네덜란드의 벡스 베르겐 사파리 공원에서는 동성애를 주제로 한 프로그램을 만들었다고 하네요.

같은 시대인데도 참 많이 다르지요?[9]

축산농가에서나 반려동물 산업에서도 많은 동물들이 자신의 성적 지향을 무시당하고 있는지 모릅니다. 인간의 이성애중심주의가 동물에게까지 악영향을 미치고 있는 셈입니다. 동물에 대한 이성애중심적인 폭력은 주로 자본의 이익을 목적으로 이루어집니다. 자연 안에서는 이성애만이 정상적인 것이라는 잘못된 관념이 이것을 뒷받침해줍니다. 이 관념은 동물에 대한 이성애중심적인 폭력과 인간 성소수자 혐오와 폭력 모두를 정당화하죠. 그러니까 '자연스러움'이나 '정상성'의 규범을 비판하고 넘어서려면 자연에 대한 우리의 이해와 관념들을 검토하고 새롭게 만들어낼 필요가 있습니다.

재생산 통제 1: 임신 출산 강요와 의무화

그런데 여성에 대한 성폭력, 이성애중심주의로 인한 성소수자에 대한 폭력, 동물에 대한 성폭력과 이성애중심적인 폭력을 관통하는 중요한 연결고리가 있습니다. 바로 재생산입니다.

재생산과 관련된 극단적인 상황을 보여주는 영화 두 편이 있어요. 하나는 많은 분들이 보셨을 〈매드 맥스: 분노의 도로〉입니다. 핵전쟁

---

9 여기에 소개된 동물 관련 사례들은 다음 문헌들을 참조했다. Jones, Pattrice, "Eros and the Mechanisms of Eco-Defense", Adams, Carol J. and Gruen, Lori, *Ecofeminism: Feminist Intersections with Other Animals and the Earth*, Bloomsbury Academic, 2014; 미하엘 미어슈, 『동물들의 기이한 성생활』, 조경수 옮김, 성우, 2008; 프란스 드 발, 『동물의 생각에 관한 생각』, 이충호 옮김, 세종서적, 2017; 린 마굴리스, 『섹스란 무엇인가』, 홍욱희 옮김, 지호, 1999.

으로 문명이 멸망한 세계를 보여주죠. 독재자인 임모탄이 피폭당하지 않은 젊고 아름다운 여자들을 차지하고 있고 이 여자들은 성적인 대상일 뿐만 아니라 출산에 사용됩니다. 다른 한편 물과 먹거리가 부족한

그림 9 〈매드 맥스: 분노의 질주〉의 한 장면

상황에서 다른 여자들이 모유를 제공할 목적으로 사용됩니다. 우리가 젖소에게 하듯이, 이 여자들은 유방을 기계장치에 연결한 채로 끊임없이 젖을 짜냅니다.

또 하나는 〈시녀 이야기〉라는 영화입니다. 원작소설도 번역되어 있고 2017년 여성영화제에서 상영되기도 했고 또 미국에서 드라마로 제작되기도 했습니다. 이 영화에서 세계는 전쟁과 환경오염으로 많은 여성들이 재생산 기능을 잃어 출생률이 매우 낮습니다. 성적으로 그리고 계급적으로 평등한 사회라면 이런 상황에서 재생산이 가능한 여성이 임신, 출산, 육아를 선택할 수 있도록 온갖 지원을 아끼지 않겠지만, 불행하게도 영화 속 사회는 그렇지 않습니다. 이 사회는 출산이 가능한 여성들을 강제로 징집해서 일종의 기숙사 같은 곳에 몰아넣고,

출산이 신성한 의무라는 이데올로기 교육을 하고 건강관리를 합니다. 그런 다음 아이가 필요한 지배계급의 가정에 이 여성들을 보내서 아이를 낳게 해요. 인공수정이 아니라 남성과 직접 섹스를 해야 합니다. 대리모라기보다는 씨받이에 더 가깝죠.

그림10 〈시녀 이야기〉의 한 장면

사진은 시녀가 될 여성들을 트럭으로 수송하는 장면입니다. 트럭 측면에 삐죽삐죽 나와 있는 게 트럭에 실린 여성들의 팔입니다. 여성들을 트럭에 싣는 장면에서 무심히 스쳐가는 게 하나 있는데요, 트럭 뒤에 달린 문에 붙어있는 스티커예요. 원래 이 트럭은 소를 운반하는 트럭이었다는 것을 알 수 있습니다. 저렇게 측면에 구멍을 낸 것은 가축을 운송할 때 십 수 시간씩 장시간을 가야하기 때문에 공기가 통하게 하려고 한 거죠. 〈매드 맥스〉에서와 마찬가지로, 〈시녀 이야기〉에서도 여성은 동물처럼 취급되고 있다는 것을 암시하는 장면이라고 할 수 있습니다.

두 영화는 극단적인 상황을 설정하고 있지만 이런 일이 현실에서

4. 여자인 동물과 동물인 여자: 종차별주의를 넘어 교차성으로

없는 것은 아닙니다. 여성들은 가족과 같은 사적인 영역에서부터 택시, 학교, 직장과 같은 일상적인 공간에서도 '그래도 여자라면 아이를 낳아야 한다'거나 '모성은 여성의 본능이자 여성에게 가장 큰 기쁨과 보람을 주는 것'이라는 메시지를 받습니다. 저도 몇 년 전에 본가에 갔다가 엄마의 지인한테서 "아이를 안 낳다니, 요즘 젊은 여자들은 너무 이기적이야. 나라가 이렇게 힘든데"라는 말을 들었는데요, 이런 상황이 여성들에게는 그렇게 드문 일은 아니죠.

급기야 2016년에는 행정자치부에서 '가임기여성 지도'라는 걸 만들어서 지자체마다 가임여성이 얼마나 있는지 표시하고, 지자체 간에 경쟁을 붙여 출산률을 높이겠다고 해서 논란이 되었죠. 또 몇 달 뒤인 2017년 2월에는 한국보건사회연구원에서 저출산의 원인으로 여성의 고스펙을 꼽고, 여성의 소위 하향선택 결혼을 유도하는 것을 저출산 대책으로 제시해서 여성들이 크게 분노했죠. 그러니까 여성이 자신보다 여러 모로 조건이 좋지 않은 남성과 결혼하도록 유도하기 위해서, 취업용 스펙을 쌓기 위한 휴학이나 어학연수에 불이익을 줘야 한다는 거였어요. 참 어이없는 발상이죠? 하지만 여성의 재생산 기능이나 모성을 여성 자신을 위한 권리로 여기지 않는 사람에게는 이상할 게 없는 내용일 겁니다. 더 큰 문제는 이런 차별적인 생각이 국가기관과 연구자 집단에서 걸러지지 않고 정책으로 제시되었다는 데 있을 겁니다.

이 두 사건에 대해 많은 여성들이 여성이 산란닭도 아니고, 동물처럼 취급한다고 분노했습니다. '동물처럼 취급한다'는 말을 더 정확하게 표현하자면, 여성의 생물학적인 재생산 기능을 여성 자신의 권리가 아니라 사회나 국가, 남성의 가계, 과학기술의 발전이나 기업의 이익 등을 위해 도구화한다는 의미입니다. 그러면 동물들에게는 이렇게 해도 괜찮을까요?

여러분, 오늘 달걀 드셨죠? 달걀부침을 안 드셨어도, 국물에 풀어져 있거나 튀김옷에 들어갔을 거고, 빵이나 과자에도 들어가죠. 또 색깔을 내기 위해 노른자만 따로 사용해서, 호박죽 같은 아주 의외의 음식에도 달걀이 들어가요. 한국인은 1인당 연간 270여개의 달걀을 소비합니다. 해마다 135억개 정도의 달걀이 소비된다고 해요.[10] 2016년 12월에 산란계가 7,104만 마리였습니다.[11] 얼마나 정확한 통계인지는 모르겠어요. 소비량에는 수입달걀도 포함될 거고, 수입된 식품에 포함된 것도 계산한 것인지 알 수가 없으니까요. 하지만 저 많은 양의 달걀을 생산하려면 닭들이 어떤 수모를 겪을지 생각해 볼 수는 있습니다. 보통 양계장에서는 산란을 증가시키려고 호르몬제를 투여합니다. 자연 상태에서보다 12배에서 20배 정도 더 자주 배란을 한다고 해요. 빠른 시간 안에 가능하면 많이 배란을 하도록 유도하는 거죠. 그렇게 자주 자궁을 사용하면 당연히 자궁에 문제가 생길 겁니다. 나이든 암탉의 자궁이 밑으로 빠지면 어차피 더 이상 알을 낳을 수 없어 쓸모가 없기 때문에 치료하기보다는 방치된 상태에서 출혈이 심해지거나 상처부위

10 장동선, 「年 달걀 소비량 135억개… 문제는 살충제가 아니다」, 『조선일보』, 2017년 8월 25일, http://news.chosun.com/site/data/html_dir/2017/08/24/2017082401797.html (검색일: 2018. 2. 10.)

11 대한양계협회 홈페이지, 통계자료, 산란계사육정보, https://egg.poultry.or.kr/predictive_information/sub02_7.php (검색일: 2018. 2. 10.)

가 썩어서 죽게 된다고 합니다.

돼지나 소도 비슷한 상황입니다. 그들의 임무는 새끼를 되도록 많이 낳는 것이기 때문에 호르몬제를 맞고 임신 출산을 반복합니다. 출산 직후 얼마 뒤에 다시 임신을 시켜야 되니까, 몸을 빠르게 회복시키고 질병 없이 유지하기 위해서 영양제나 항생제 같은 것을 엄청나게 투여합니다. 축산업에서나 반려동물산업에서 재생산은 핵심적인 동력입니다. 값싼 노동력을 끊임없이 얻기 위해서, 남성이 권력을 독점하는 기부장제의 가족체계를 계속 유지하기 위해서, 여성의 재생산 기능을 통제하고 필요할 때에는 출산을 의무로 만드는 것과 마찬가지입니다. 고기나 우유라는 상품을 더 많이 생산해서 더 많이 팔기 위해 여자인 동물의 재생산 기능을 생산수단으로 삼아 더 많은 재생산을 하도록 하는 것이 이 산업을 유지하는 데 필수적입니다.

재생산 통제 2: 재생산물의 수탈과 모성 권리 박탈

그런데 인간 여성과 여자인 동물의 재생산을 통제하는 데는 강요만 있는 것은 아닙니다. 재생산의 산물에 대한 권리를 박탈하고 그 생산물을 수탈해 가는 것 역시 중요합니다. 젖소는 새끼를 낳으면 30분만에 생이별을 합니다.[12] 우리가 매일 섭취하는 우유는 어미 소와 송아

---

12 태어난 새끼가 여자면 빨리 성장시켜 어미 소와 마찬가지의 운명을 맞게 하고, 남자면 얼른 살을 찌워서 몇 개월 후에 고기로 팔아버린다. 젖소는 새끼를 낳는 것보다 우유를 생산하는 것이 더 중요하기 때문에, 인간이 마셔야 할 우유를 새끼가 다 마셔버리기 전에 둘을 떼어놓아야 한

지한테서 훔쳐온 장물입니다. 몰래 훔친 것도 아니고 동물들 사이의 관계를 강제로 떨어트려 강도짓을 해서 얻은 것입니다. 피고름이 나올 때까지 짜내기도 합니다. 젖이 마르면 앞에서 본 강간의 과정을 통해 다음 임신을 강요합니다. 에코페미니스트인 캐롤 아담스는 우유나 달걀과 같은 식품을 "여성형 단백질"(feminized protein)이라고 부릅니다.[13] 여자인 동물들의 재생산에서 비롯된 부산물이기 때문입니다. 여성형 단백질은 여자인 동물들의 강제된 임신 출산을 통해서 생산된 자손을 그 동물로부터 수탈하여 양육에 대한 권리와 동물들 사이의 관계를 박탈하고, 재생산의 산물들을 빼앗아 온 것입니다.

그렇다면 인간 여성에게는 어떤 수탈과 박탈이 있을까요? 임신과 출산의 전체 과정 중 대부분을 자신의 몸으로 수행함에도 불구하고, 게다가 많은 경우 육아의 상당 부분을 담당함에도 불구하고, 대개의 여성은 자녀에게 자신의 이름을 줄 수 없습니다. 아이는 아버지의 계보에 기입됩니다. 아이에게 생명을 주고, 육체를 주며, 첫 번째 거주지(자궁)와 첫 번째 먹거리를 주는 것이 어머니이지만, 어머니에게는 아이와의 친족관계를 표시할 권리가 없습니다.

뿐만 아니라 여성은 경우에 따라 낙태를 강제당하기도 합니다. 산모의 나이가 너무 어려서, 산모나 태아가 장애인이어서, 태아가 딸이

다. 어미 소와 새끼를 며칠에서 몇 주 함께 살도록 하는 경우에는 특별한 장치를 이용한다. 새끼의 입에 뾰족한 돌기가 있는 도구를 씌워서, 새끼가 젖을 물려고 어미 소의 젖에 입을 대면 찔리게 하는 것이다. 이 도구 때문에 어미는 새끼에게서 도망가고, 새끼는 불편해서 젖을 잘 물지 못한다.

13 Adams, Carol J.(1993), "Feminist Traffic in Animals" in Gaard, Greta, *op. cit.*, p. 197.

라서, 혼외 임신이라서, 산모가 유색인종이라서, 산모가 빈곤층이라서, 태아의 생물학적 아버지의 인생을 망치게 될까봐 등. 낙태를 범죄로 규정해 처벌하는 것이 출산을 강요하는 장치라면, 반대로 낙태가 강제되는 경우도 있지요. 그러니까 낙태죄는 여성의 재생산을 둘러싼 복잡한 구조의 한쪽 얼굴인 셈입니다. 이 구조의 핵심은 재생산 기능을 가진 몸이 재생산에 관한 여러 결정들을 자신을 위해 스스로 할 수 있는 권리와 자율성을 인정받지 못하고 다른 목적에 종속되어 있다는 것입니다.

> 자궁-대지, 공장, 은행-은 초기/정액-자본이 위탁되는 곳으로서, 이는 정자-자본이 거기에서 발아하고, 제조되며, 이익을 남기기 위한 것이다. 이때 **동물**은 '수동적으로' 재생산에 순응할 뿐이라서 용익권과 마찬가지로 소유권도 요구할 수 없다. **동물** 자신은 (재)생산 수단의 요청에 의해 소유되어 있는 것이다. 완성된 생산물에 **인간**의 상표를 붙이려고 하는 주인-독점권자의 사업에서, **동물**은 신원불명의 노동자요 기계이다.[14]

이 글은 페미니스트 철학자 뤼스 이리가레의 책에서 가져온 것입니다. 그런데 사실 인용구에서 제가 일부러 바꾼 곳이 있습니다. '동물'이라고 적힌 곳은 원래 '여성'이고 '인간'이라고 되어 있는 것은 원문에는 '남성'입니다. 인용문을 읽는 동안 어색하지 않았죠? 재생산 문제와 관련해, 여자인 인간과 여자인 동물이 완전히 똑같은 상황에 처한 것

---

14 Irigaray, Luce, *Speculum de l'autre femme*, Les ditions De Minuit, 1974, p.16. 굵은 글씨는 수정된 것임.

은 아닙니다. 여성의 재생산을 통제함으로써 이득을 보는 사람과 동물의 재생산을 통제함으로써 이득을 보는 사람이 다르고, 각 경우의 목적이 완전히 동일하지 않기 때문입니다. 섹슈얼리티 통제의 경우도 마찬가지입니다.

하지만 몇 가지 점에서 두 문제 상황에는 유사성도 분명합니다. 인간의 경우에도, 동물의 경우에도 출산하는 몸의 섹슈얼리티와 재생산 기능을 통제하는 것은 이 통제 권력을 지닌 집단의 어떤 이익을 위한 것입니다. 그 이익의 세부 내용은 다르더라도, 통제의 정당화는 자연을 경유합니다. 생물학적인 재생산이 성의 궁극적인 목표이자 본능이기 때문에, 이 목표를 달성하는 데 실패하는 성적 선택이나 행동은 자연스럽지 못하며 비정상적인 것이 됩니다. 더 나아가 번식이라는 목표를 추구하거나 달성하기 위해서라면, 폭력이나 강요가 정당화됩니다. 말하자면 재생산, 번식, 성적 본능의 개념과 편견이 인간 여성과 동물을 피지배 집단으로 만드는 주요한 요소입니다. 그러니까 이런 개념을 페미니즘의 시각에서 검토하고 개정할 때 여성뿐 아니라 재생산과 관련된 다른 정체성, 다른 집단에 대한 고려도 요청되는 것이죠.

'종차별=가부장제 책임'에서 한 걸음 더 가기

페미니즘에서 동물 문제, 특히 육식에 관한 논의에 불을 붙인 것은 캐롤 아담스의 책 『육식의 성 정치』(1991년)와 「페미니스트의 동물 거래」[15]라는 논문입니다. 아담스는 육식이 남성의 식사라고 주장합니다. 육식이 남성성의 상징이며 남성 권력의 표현이라는 것이죠. 사냥은 공격성, 용기, 힘을 전시하는 행위가 될 수 있고, 많은 노동력과 시간, 자원이 투여되고 위험을 감수하여 얻어진 고기를 누구에게 얼마큼 분배하느냐는 권력의 위계를 드러냅니다. 불과 십수 년 전에 식탁에서 계란이나 고기반찬이 아버지와 아들에게만 돌아간다거나, 고깃덩어리를 들고 뜯어먹는 것이 남자의 거친 성격을 보여준다거나, 우아하게 스테이크를 써는 것이 상류층이나 부유함을 상징한다는 점이 육식의 문화적 성격을 잘 보여줍니다.

하지만 아담스의 주장에 문제가 없는 것은 아닙니다. 앞에서 소개한 버지니아 울프도 그렇지만 여러 페미니스트들이 선사시대에 사냥은 남성의 활동이고, 여성은 곡물이나 열매를 채취해서 식량을 공급했고, 그래서 주로 사냥과 전쟁에 나섰던 남성들이 동물에 대한 폭력에 책임이 있다고 생각하곤 합니다. 그리고 그런 활동의 차이로 인해서, 남성이 자연에 대해 맺는 관계와 여성이 자연에 대해 맺는 관계에 질적 차이가 있게 된다고도 하고요. 생명을 끊어내는 일을 하는 것과 생명을 보살피고 유지하는 일을 하는 것은 다르다는 거죠. 하지만 실제로는 여성들도 식물 채집 시에 곤충은 물론이고 토끼나 새, 다람쥐 같은 작은 동물들을 사냥했고, 육식을 하고 가죽과 모피를 의복으로 사용했어요. 현대에 와서는 육식만이 아니라 사치품, 화장품, 의약품 등

---

15 Adams, Carole J.(1993), *op. cit.*

을 통해 동물을 사용하고, 특히 장을 보고 식사를 준비하고 청소와 세탁을 위해 여러 화학제품을 사용하는 일을 여성이 더 많이 한다는 점에서, 여성 역시 동물에 대한 폭력과 착취의 책임에서 면제될 수 없습니다. 육식은 가부장제적인 것이기만 한 것도 아니고, 남성만 육식문화에 책임이 있는 것도 아닌 거죠. 그렇기 때문에 우리는 아담스나 울프의 이야기에서 한 발 더 나아가야 합니다.

인간중심주의와 남성중심주의의 논리 구조

동물에 대한 폭력과 여성에 대한 폭력, 동물을 인간에게 종속시키고 여성을 남성에게 종속시키는 일 사이에 구조적, 논리적 유사성이 있음을 밝히는 것이 중요합니다. 또한 여성과 동물이 우리 사회의 물질적, 경제적 관계에서 비슷한 상황에 놓여있다는 것을 보여줄 필요가 있습니다. 아담스처럼 문화적, 상징적 관계를 드러내는 것도 중요하지만, 종차별주의와 성차별주의, 인간중심주의와 남성중심주의를 정당화하는 논리와 세계관, 이것을 이용해서 특정한 집단의 사람들이 이익을 얻고 있는 자본주의 경제 시스템을 함께 들여다보지 않으면 핵심을 간과하게 되지 않나 싶습니다. 왜냐하면 결국 육식이 남성성을 상징하게 된 것은 이 논리들, 세계관, 경제 체계의 복잡한 상호작용의 결과일 것이기 때문이죠.

그렇다면 동일하거나 유사하다는 그 논리적 구조, 세계관이 무엇일까요? 에코페미니스트들은 이원론적 세계관에 주목합니다. 이원론이란 세계와 세계 내에 존재하는 모든 것들이 서로 근본적으로 다른 성질을 띤 두 가지 실체로 이루어져 있다고 생각하는 것입니다. 존재자의 기초와 근원을 이루는 실체가 하나라고 하면 일원론이고, 두 개라고 하면 이원론인 것입니다. 실체에 대한 철학의 논의는 매우 다양하지만, 근대 이후 우리에게는 이원론이 가장 익숙하고 지배적인 관점이라고 할 수 있습니다.

이원론에서 서로 이질적인 두 실체는 육체와 정신입니다. 물질이나 사물은 육체로만 이루어져 있고, 신은 정신으로만 이루어져 있죠. 그런데 육체는 생성소멸하고 늘 변화하고 믿을 수 없는 것이라고 생각돼요. 감각지각을 통한 경험은 우리에게 왜곡된 정보를 줘요. 낮에는 푸르게 보이는 나뭇잎이 밤에는 까만색이고, 유리잔에 담가둔 젓가락은 휘어 보입니다. 시시각각 변하는 물질적 대상들도 믿을 수가 없고 그것을 지각하는 우리의 육체도 믿을 수가 없는 거죠. 물질적인 것에 질서를 부여해서 특정한 형태를 주고 쓸모를 주는 것은 정신입니다. 물질적인 것은 필연적인 인과관계에 종속됩니다. 제가 여기서 공을 던지면 여러분은 공을 받거나 피하거나 되던지는 등 여러 선택을 할 수 있는 자유가 있지만, 이 컵은 제가 공을 던지는 속도와 힘, 방향에 따라 넘어지거나 깨질 겁니다. 다른 것을 선택할 자유가 없죠.

영원불변한 본질적인 진리를 찾아내고 이해하고 배우는 것은 정신입니다. 세계에 질서를 부여하고 그 질서를 인식하고 유지하는 것도 정신의 일입니다. 그러니까 이 관점에서 육체와 정신은 서로 이질적일 뿐 아니라 우열관계에 있습니다. 열등한 육체를 우월한 정신이 지배하고 통제할 권한을 갖게 되는 것이죠. 인간은 육체와 정신의 결합물입니다. 17-18세기 이후에는 인간이 세상의 중심이 됩니다. 신의 뜻을 이해하고 수호하면서 자연을 관리하는 것은 신과 닮은, 정신을 지닌 인간의 의무이자 권리가 됩니다.

말하자면 이원론은 육체와 정신을 서로 대립된 성질을 지닌 것으로 쪼개는 것이고, 나아가 그 둘 사이에 위계를 설정해서 정신이 육체를 지배하는 것을 가능하게 합니다. 신을 제외하면 정신의 대표자는 인간이고, 물질적인 것의 대표는 자연이니, 인간이 자연을 지배하는 것이 가능해지는 것이죠. 이렇게 해서 자연과 자연에 속하는 동물은 인간의 필요와 목적을 위한 수단이 됩니다. 이것이 인간중심주의입니다. 세계에 존재하는 모든 것들의 가치와 의미가 인간의 목적을 성취하고 이익을 도모하는 데 얼마나 도움이 되는지에 따라 결정되는 것이죠.

그런데 이원론에서 육체와 자연 영역과 정신과 문화의 영역 사이에 성적 분할이 이뤄집니다. 전자는 여성에게 후자는 남성에게 분배됩니다. 남성은 자신을 정신적 존재로 천명하면서 자연에서 분리되고 대립관계를 강화해요. 자연의 한계를 극복해서 인간의 자유를 더 확장하는 겁니다. 여성은 자연의 영역에 속하는 존재로서 이 분리와 대립을 매개하는 역할을 합니다. 가령 아이를 낳는 것은 생물학적 기능이지만, 이 아이를 가정 내에서 키워서 사회의 일원으로 만드는 역할을 하죠. 육체를 돌보는 가사노동은 가치가 큰 노동은 아니지만 남성이 더 가치 있는 일을 하기 위해 공적 영역으로 나갈 수 있도록 뒷받침하는 역할을 합니다.

육체	정신
생성소멸	고정불변
무질서	질서
비본질	본질
가상	진리
자연	문화
감성	이성
필연	자유
여성	남성

이런 구조 속에서 이원론을 통해 이득을 챙기는 것은 남성이고, 그것도 일부의 남성일 뿐입니다. 여성뿐 아니라, 장애인, 성소수자, 청소년, 비주류 인종인 사람들은 남성이더라도 열등한 취급을 받게 되니까요.

이원론을 통해서 특정한 인간 집단을 배제하고 차별하는 데는 몇 가지 논리적 장치가 있습니다. 이것은 에코페미니스트인 발 플럼우드가 분석한 내용이에요.[16]

첫째는 배경화(backgrounding)입니다. 사진이나 그림을 찍을 때 초점을 맞추는 대상이 있으면 나머지는 흐릿하게 처리되잖아요. 그 배경이 되는 다른 사물들이나 환경이 주인공을 더 두드러져 보이게 해주는 역할을 하지만 대개 그림을 보는 사람들은 주인공에 집중하죠. 이와 비슷하게 배경화된 집단들은 실제로는 중요한 역할을 하고 있는데 가

---

16 Plumwood, Val, *Feminism and the Mastery of Nature*, Routledge, 1993, pp. 47–55.

치 없는 것처럼 흐릿하게 처리돼요. 가령 여성의 노동은 자본주의 시스템과 남성 권력을 존속시키는 데 큰 역할을 하지만 마치 아무 가치가 없는 것처럼 여겨져요. 동물을 사육하고 도살하는 시설은 주거지역에서 볼 수 없죠? 고기를 소비하는 사람들은 고기가 되기 전 살아있는 동물들을 만나거나 그들의 비명소리를 들을 수 없습니다. 배경화는 실제로는 지배자가 피지배자의 노동과 희생에 의존하고 있다는 것을 감추기 위한 것입니다.

둘째는 배제(radical exclusion)입니다. 이것은 특정 집단이 갖고 있다고 간주되는 속성을 근거로 이들을 사회의 중요한 영역과 결정과정에 개입하지 못하게 하는 것입니다. 여성은 본래 감성적이고 여성이 임신, 출산 기능을 갖고 있으니, 객관적이고 보편적인 문제를 다루는 공적 영역보다는 가정 내의 일들을 하는 것이 적합하며, 그것이 여성에게도 더 낫다고 하는 것이 배제의 논리입니다. 플럼우드는 이것을 '지배의 자연화'라고도 해요. 지배집단과 피지배집단의 분할을 피지배집단의 자연적 속성에 기인한 것이라고 설명해서, 특정 집단에 대한 차별이나 억압, 폭력과 착취가 사회적, 역사적 구성물이 아니라 자연스러운 것이고 그래서 변화시킬 수 없는 것이라고 생각하게 만드는 논리라는 것입니다.

셋째는 합병(incorporation)입니다. 피지배집단을 정의할 때, 지배집단과의 관계 속에서만 정의하는 것입니다. 가장 쉬운 예는 중년 여성들이 자기 이름으로 불리는 일이 별로 없다는 것입니다. 누구 엄마, 누구 부인이라는 역할, 즉 가부장제적 가족 관계에서 여성에게 주어진 역할이 곧 이들의 이름이 되기 때문이죠. 장애인이면 누구나 당연하게 비장애인의 신체를 갖고 싶어 한다고 단정하거나, 청소년을 고유한 삶의 단계에 있는 사람이 아니라 아직 온전한 개인, 즉 성인이 되지 못한 사람이라고 생각하는 것도 일종의 합병입니다.

도구화(instrumentalism)는 이런 합병을 통해, 지배 대상이나 소수자 집단을 지배 집단의 목적을 실현하기 위한 수단으로 삼는 것입니다. 피지배 집단이나 대상은 고유한 가치나 목적을 갖지 않는, 지배 집단을 위한 유용한 자원으로서만 가치를 갖게 됩니다.

마지막으로 동질화(정형화, homogenisation, stereotyping)입니다. 피지배 집단에 속하는 이들이 모두 공통적인 속성, 욕망, 필요, 본성을 공유한다고 간주하는 거죠. 남성 동성애자는 여자처럼 행동하고 여성 동성애자는 남자처럼 행동한다는 생각이나, 김치녀, 된장녀, 김여사 같은 멸칭들도 이런 동질화에 해당됩니다. 동물들이 종에 따라 개체에 따라 상당히 다양한 특징과 개성을 보인다는 것을 무시하는 것 역시 동질화입니다. 동질화는 권력을 가진 집단과 그렇지 않은 집단을 깨끗하게 분리해 두 집단 사이의 차이를 강조하기 위해서 필수적입니다. 피지배 집단을 정형화해야만 집단들 사이의 구별이 가능하고, 효율적으로 관리할 수 있으니까요. 피지배 집단 내의 구성원들이 가진 다양한 욕구와 관심을 제한할 수도 있고요.

눈치채셨겠지만 이런 논리적 구조는 여성을 종속시키는 데만 사용되는 것이 아닙니다. 자연과 동물, 장애인, 성소수자, 청소년, 비주류인종, 노동자 계급 등에 가해지는 억압, 차별, 착취, 폭력에도 사용되죠. 말하자면 우리가 인간중심주의, 남성중심주의, 이성애중심주의 등 지배의 논리에 붙인 'OO중심주의'는 사실 여러 얼굴을 한 하나의 괴물이라고 할 수도 있습니다. 그러니까 이 동일한 이 논리구조를 무너뜨리는 것을 목표에 포함시키지 않는다면 페미니즘은 성공하기 어렵습니다.

그 첫 번째 이유는 이 구조를 그대로 둔 채 평등을 요구하는 것은 여성을 배제한 채 구축된 기존 사회질서를 해치지 않는 범위에서 여성이 그 질서 안으로 편입되는 것을 의미하기 때문입니다. 여러 남성들이 자주 하는 얘기가 직장에서 자기가 존경하는 여성 상급자는 룸살롱 가서 접대도 마다하지 않고 회식에 빠지지 않으며 가정사나 월경, 임신, 출산 때문에 직장일에 영향을 주지 않는다, 그런 여자라면 기업에서도 마다할 이유가 없다는 것입니다. 이런 조건에서 여성과 남성이 동등함을 증명해야 하는 것은 남성이 아니라 여성입니다. 인간성이 곧 남성성과 동일시되기 때문에, 남성은 자신이 인간으로서 모자람이 없다는 것을 증명할 필요가 없습니다. 남자라는 것만으로 이미 필요충분조건을 갖추었기 때문이죠. 반면 여성은 자신이 남성과 동등함을 증명하기 위해서, 여성적인 것, 감성적인 것, 육체적인 것, 자연적인 것에 대한 혐오와 멸시에 동조해야 합니다.

페미니즘이 원하는 것이 이런 것은 아닐 겁니다. 반대로 우리가 만일 월경, 임신, 출산이라는 여성 신체의 특징과 삶의 시간적 특징을 공적 영역에서의 노동시간에 반영하고 싶다면, 우리는 신체와 자연의 개념, 공적 영역과 사적 영역 사이의 분할, 노동과 생산의 의미를 검토해야 합니다. 성별 정체성과 성역할 체계에 대해 문제를 제기하고자 한다면, 육체와 정신, 자연과 문화의 관계에 대한 언급을 논외로 할 수 없습니다. 이것이 이원론적 세계관과 거기에 포함되어 있는 지배의 논리구조에 페미니즘이 도전해야 할 두 번째 이유입니다.

마지막으로, 육체와 자연의 영역에 속하는 것으로 간주되는 여러 피지배 집단 중에서 여성만 빠져나오는 것은 위험합니다. 지배의 논리는 남아있고 그 논리에 따라 차별과 폭력에 시달리는 집단들도 남아있는 한, 여성은 언제든지 다시 그 지배 논리에 포섭될 수 있기 때문이죠. 대립과 위계 속에서 주인과 노예가 엎치락뒤치락하는 관계를 반복한다면 평등은 일시적일 수밖에 없을 것입니다.

성적인 것, 이질적인 것, 동물적인 것

동물 문제에 관심을 갖는 에코페미니스트인 그레타 가드는 플럼우드의 이원론 분석에 몇 가지를 추가합니다. 이원화된 대립쌍에 백인-비백인, 이성애-퀴어, 이성(reason)-성애적인 것(the erotic)을 포함시킨 것입니다.

플럼우드가 훌륭하게 논증했듯이, 서구 문화의 자연 억압은 지배적인 남성을 이성이라는 속성을 통해 정의되는 자아로 구성한 데 기인한다. 그리고 이때 이성은 정의 상 자연에, 그리고 여성, 육체, 감성, 재생산과 같이 자연과 결부된 모든 것에 대립되는 것으로 구성된다. (중략) 퀴어 에코페미니즘의 관점에서 본다면, 우리는 여성, 동물, 자연, 섹슈얼리티를 폄하하는 문화에서 퀴어가 여성화되고 동물화되고 성애화되며 자연화되는 방식을 검토할 수 있다. 우리는 또한 유색인종이 어떻게 여성화되고 동물화되며 성애화되고 자연화되는지 역시 검토할 수 있다. 마지막으로, 우리는 자연이 어떻게 여성화, 성애화, 심지어 퀴어화되는지 탐색할 수 있다.[17]

가드에 따르면, 이원론에서 이성 또는 정신이 육체와 대립하는 항이지만 또 성적인 것과도 대립합니다. 이것을 통해서 육체나 자연은 성적인 것과 연결되죠. 그런데 이때 성적인 것 전부가 부정되지는 않아요. 많고 많은 섹슈얼리티 중에서 이성애, 그 중에서도 재생산을 가능하게 하는 특정한 종류의 이성애만 용인되고 나머지는 다양한 이유로 열등하거나 비정상적이거나 비도덕적인 것이 됩니다. 그러니까 육체-정신의 이원론에서 이성-성적인 것, 이성애-퀴어의 대립쌍이 파생된다고도 할 수 있겠습니다. 생각해 보면 이성애중심 사회는 동성애만 배척하는 게 아니라, 이성애자들 사이에서의 섹스라도 항문섹스나 집단섹스 등 임신과 출산을 목적으로 하지 않는 섹스 형태를 부정적으로 보는 경향이 있죠.

그런데 동성애나 재생산을 발생시키지 않는 섹스를 비난하는 이야기를 가만히 들어보면 어떤 모순이 드러납니다. 어떤 사람은 이렇게 얘기해요. "짐승 같은 놈들. 아니 짐승만도 못한 놈들." 또 어떤 사람은 이렇게 말합니다. "비정상이야. 자연스럽지가 않아. 암수가 결합하는 것이 순리인데!" 심지어 두 가지 얘기를 같이 하는 사람들도 있죠. 어

---

17 Gaard, Greta, "Toward A Queer Ecofeminism", *Hypatia*, vol.12, no.1, 1997, p.140.

느 장단에 맞추라는 걸까요?

　조금 어렵게 말하면, 전자는 자연이나 동물을 성애화한 다음, 규율이 없는 난잡한 성행위는 인간 이하의 세계에서나 일어나는 일이라고 자연세계와 인간세계를 분리해서 구분하고, 이를 근거로 성소수자들을 비난합니다. 후자는 자연계에서 이성애가 정상이고 인간은 자연의 법칙을 그대로 따라야 한다고 전제한 다음, 성소수자들이 자연을 따르지 않아 비정상이라고 비난합니다. 후자에서는 마치 자연이 상당히 가치 있는 것이고 우리가 모두 복종해야 할 규범인 것처럼 이야기하면서 자연을 정상성의 근거로 내세우지만, 전자에서는 자연이 인간의 문화보다 열등하고 더럽기 때문에 '인간다움'에서 자연적 특성을 제거해야 한다고 가정합니다.

　여기에서 자연이나 동물에 대한 혐오와 편견이 두 가지 차원에서 작동한다는 것이 잘 드러납니다. 첫째는 인간의 정체성 내지는 주체성을 구성하는 차원입니다. 남성성이 여성성과의 구별 속에서 구성되고, 여성성을 폄하해서 상대적 우월성을 획득하는 것처럼, 인간성이라는 것도 자연, 동물, 동물성에 대한 비하와 부정을 통해서 인간에 우월성을 부여해 구성된다고 할 수 있습니다. "남자애가 계집애처럼 울면 안 되지"라는 말이 남성에게 여성과 구별되는 남성성을 갖도록 함과 동시에 여성성을 열등한 것으로 만들고 남성성을 우월한 것으로 만드는 역할을 한다면, "짐승만도 못한 놈", "인두겁을 쓴 짐승" 등의 말은 인간이 다른 동물과 달리 더 우월한 능력을 가지며 그 우월성을 통해 다른 동물과 구별된다는 것을 보여줍니다.

다음으로 동물에 대한 혐오가 사람들 사이에서 피지배집단을 생산하여 혐오와 차별을 정당화하는 데도 이용됩니다. 거기에는 두 가지 방식이 있어요. 하나는 자연이나 동물의 특정한 면모를 보편적인 정상성으로 규정하고, 한 피지배집단의 일반적 속성이라고 간주된 특징을 비정상성으로 규정하는 것입니다. 이성애가 자연의 법칙이라고 간주하는 것을 예로 들 수 있죠. 다른 하나는 한 피지배집단의 속성이라고 간주된 것을 동물성과 연결하는 것이에요. 여성의 월경, 임신, 출산을 동물적 본능의 영역으로 보고 남성보다 여성이 더 생물학적인 운명에 포박되어 있는 걸로 여기는 것이 한 예입니다. 성소수자 혐오는 두 방식 모두를 사용하고요.

여기에 인종이라는 축을 교차시켜 볼게요. 유럽이 아메리카 대륙을 식민화할 때나 아프리카 흑인들을 노예로 삼을 때, 명분은 미개인들을 문명화한다는 것이었습니다. 유럽의 백인 문화가 가장 진보하고 발전한 것이고, 다른 지역과 다른 인종은 아직 문명화되지 않은 자연 상태에 있는 것으로 생각했던 거죠. 그래서 유럽의 문명과 기독교를 미개인들에게 가르쳐서 인간답게 살게 해주겠다는 이유를 내세워 식민화 기획을 정당화합니다. 이들이 식민지의 선주민들을 미개하다고 생각했던 요소들은 이런 것들입니다. 동성애자와 트랜스젠더를 수용하는 문화, 여자들이 일을 하고 공동체에서 중요한 역할을 맡는 등 유럽과 비교해 평등한 성별 관계, 동물이나 자연적 대상을 신으로 섬기는 종교의식, 뱀춤이나 여장을 한 남자가 등장하는 의례 등. 식민주의자들은 자기들에게 낯설고 이질적이고 이해할 수 없는 것을 '다른 것'

으로 보는 대신, 열등한 것, 동물적인 것으로 봤습니다.

이렇게 우리가 자연을 이해하는 방식은 인간과 자연, 인간과 동물의 관계에만 관련되는 게 아니라, 우리 자신, 즉 인간이라는 동물을 이해하는 방식, 인간들 사이의 사회문화적 관계를 맺는 방식, 권력 관계를 배치하고 그것을 정당화하는 방식을 굴절시키고 윤색하기도 합니다. 그리고 거꾸로 우리가 섹스, 젠더, 섹슈얼리티, 재생산, 인종 등을 이해하는 방식 역시 자연과 동물을 설명하고 그것들과 관계 맺는 방식에 영향을 줍니다.

자본주의와의 얽힘

마지막으로 이원론적 세계관이 경제라는 장에서 어떤 효과를 발휘하며, 자본주의가 어떤 식으로 이를 활용하는지, 여성과 동물이 자본주의 안에서 그리고 자본주의와 함께 어떤 식으로 얽혀있는지 간략히 짚어보려고 합니다.

자본주의 경제 안에서, 여성, 자연, 동물은 여러 가지 위치에서 다양한 상품 가치를 갖습니다. 상품을 생산하기 위한 재료나 자원, 상품 생산과 소비를 반복하기 위해 필요한 재생산 수단이 가장 두드러진 용도입니다.

그 밖에도 무주지(無主地)와 야생으로서 규정되기도 해요. 무주지라는 것은 말 그대로 주인 없는 땅이라는 것인데요, 아무도 소유하지 않았기 때문에 누구든 먼저 깃발을 꽂으면 소유할 수 있는 공터로 여기는 겁니다. 실제로는 동물들과 식물들이 공유하고 있는 땅을 주인 없는 땅이라고 규정해서, 인간이 무상으로 차지하는 것이죠. 여성의 경우 결혼하지 않은 여성이 일종의 무주지입니다. 연락처나 데이트를 요구하는 남성을 안전하게 떼어내는 최고의 방법이 남자친구나 오빠 등 여성의 보호자나 주인으로 인식되는 남성을 동원하는 것이라는 점이 이를 잘 보여줍니다. 비혼 여성은 누군가에게 소유되면 비로소 성욕을 만족시키기 위한 자원으로, 또는 재생산 수단으로 가치를 갖게 됩니다.

야생은 아직 인간의 손이 닿지 않은 곳이라는 점에서는 무주지와 비슷하지만, 오염되지 않은 상태로 남아있어야만 가치가 있다는 점에서는 다릅니다. 비혼 여성 중에서도 성관계 경험이 없는 여성이 이에 속하겠지요. 야생과 처녀는 모두 정복이나 보호의 대상이 되고, 순수성, 순결함, 희귀성 등에 의해 가치평가 됨으로써 이들이 사회문화적 영향에서 어떤 일을 겪는지가 은폐됩니다. 다큐멘터리의 스펙터클한 화면 바깥에서 야생동물들이 지구온난화로 인해 어떤 일을 겪고 있는지, 소위 순결을 유지하기 위해 여성들이 어떤 모순 속에서 갈등하고 자율성을 상실하게 되는지 가려지는 것이죠. 그리고 이 순수와 순결은 야생과 처녀의 상품가치를 높여 줍니다.

자연과 여성을 무주지나 야생, 처녀림으로서 인식하는 것은 자본주의 이전에도 있었습니다. 즉 자본주의 경제체제는 여성억압이나 생태위기, 종차별주의의 유일한 원인도 아니고 가장 결정적인 원인도 아닐 수 있어요. 하지만 자본주의는 지배 체계를 유지하고 강화하는 중

4. 여자인 동물과 동물인 여자: 종차별주의를 넘어 교차성으로

요한 동기이자 그 규모를 극적으로 확장하는 역할을 합니다. 인간은 아주 오래 전부터 동물을 사냥하고 가축화하고 동물 신체의 모든 부분을 여러 용도로 사용해 왔어요. 하지만 동물을 대규모 농장에서 죽은 사물처럼 생산하고 유통하고 소비하는 것, 즉 공장식 축산은 자본주의에 와서 가능해집니다. 아주 오래 전부터 여성의 신체는 남성의 소유물이었고 특히 재생산 기능은 남성을 위해 자식을 낳아주는 수단이었어요. 하지만 대중매체와 산업을 통해 여성의 신체가 불특정 다수의 남성을 위한 상품이 되고, 화장품처럼 여성을 더 예쁜 상품으로 만드는 데 필요한 상품들이 대량 생산되어 대중화되는 것은 자본주의에서입니다.

다른 한편, 여성과 자연, 동물은 자본주의를 떠받치는 토대이기도 하죠. 자본주의가 시작되는 시점에서 마녀사냥이나 식민지 여성의 착취가 어떤 중대한 역할을 했는지에 대해서는 마리아 미즈의 『가부장제와 자본주의』, 실비아 페데리치의 『캘리번과 마녀』에서 잘 다루고 있어요. 뿐만 아니라 지금도 여러 산업 분야에서 여성들은 더 값이 싸면서도 질이 좋고 섬세한 노동을 제공해요. 남성보다 더 적은 임금을 받고 더 많은 일을 합니다. 가정 안에서 이루어지는 가사노동, 육아노동, 돌봄노동은 무상으로 공급돼요. 사회가 필요로 하는 노동력이 될 아이를 낳고 키우고, 내일 출근해서 일을 할 사람의 옷을 세탁하고 밥을 짓고 잠자리를 정돈합니다. 이런 일들은 이를 통해 재생산된 노동력을 필요로 하는 국가나 기업 대신 여성들이 책임지고 있습니다. 무상으로요. 그로 인한 경제적 이익은 여성에게 거의 돌아오지 않습니다.

동물도 마찬가지죠. 공장식 축산의 동물들은 말 그대로 자신의 생명을 갈아 넣은 상품이 됩니다. 태어날 때부터 죽은 이후까지 그들은 상품으로만 존재해요. 미국의 경우 동물과 관련된 산업은 전체 산업 중 두 번째로 규모가 크고, 식품산업 중 동물성 식품이 가장 규모가 큽니다. 미국 식품의 60%가 동물에게서 나온다고 하죠. 한국에서는 매년 10억 마리 이상의 동물들이 도축되고 있습니다. 하지만 이건 순전히 식품의 경우고요, 동물산업은 훨씬 많은 분야에 걸쳐 있어요. 의복, 약품, 화장품, 악기나 붓 등 예술작업에 쓰이는 용품, 스포츠 용품에도 동물이 사용됩니다. 식품용으로 도축한 동물의 가죽을 의복이나 악기에 사용할 것 같지만 그렇지 않아요. 가죽을 얻기 위한 동물은 따로 있고 별도의 방식으로 관리됩니다. '좋은 고기'와 '좋은 가죽'을 얻는 방법이 서로 다르니까요. 또 신무기 개발에 동물실험을 한다든가 반려동물을 위한 의약품 개발에 동물실험을 하기도 하고요. 반려동물 산업도 나날이 커져가고 있습니다. 반려동물 산업에서는 여자인 동물들이 재생산노동에 시달린다면, 오락산업에서는 동물들이 관광 서비스 노동을 하고 있어요. 마차, 동물원, 서커스 같은 것들에서 중노동과 학대에 시달립니다. 이런 모든 산업분야에서 동물을 사용할 수 없게 되면 경제의 많은 부분이 심각한 타격을 입게 될 겁니다.

과학기술도 한 몫 합니다. 특히 유전공학이 관련되는데요, 여성의 난자, 식물의 종자, 동물의 신체가 중요한 재료이자 자원이 됩니다. 반다나 시바가 『자연과 지식의 약탈자들』이라는 책에서 이를 상세하게 다루고 있어요. 시바는 이 책에서 여성의 신체와 식물의 종자가 자본주의의 마지막 식민지라고 주장해요.[18] 자본주의는 공간적으로 지구 전체를 식민화 했어요. 다시 말해 자본의 자원이자 시장으로 만들어 버린 거죠. 이제 남은 것은 육체, 그것도 끊임없이 새로운 것을 만들어 낼 수 있는 육체뿐입니다. 과학자들은 유전공학을 통해서 식물 종자의 DNA를 변형하고, 여성의 난자와 태반 등을 채취해 난임 치료, 신약 개발, 인간복제를 위한 기술 개발에 사용하고, 인간의 장기 이식을 위해 동물의 몸을 사용하거나 해충으로 규정된 모기에 자살 유전자를 주입하는 기술을 개발해서 특허를 냅니다. 과학자들이 이런 일을 하는 것은 순수한 학문적 열정이나 인류 진보에 공헌하겠다는 목적 때문이라고 보기는 어렵습니다. 대부분은 유전공학을 활용하는 기업들이 이 특허권을 소유하고서 새로운 이윤을 창출하려고 하고 있어요.

이렇게 동물을 사용하는 산업과 기업, 이에 관련되는 과학기술, 정부의 정책, 이들을 뒷받침하는 논리와 이데올로기 등을 하나의 총체로 보고 '동물산업복합체'(animal-industrial-complex)라고 부릅니다.[19] 동물 문제를 동물산업복합체 개념으로 접근하면 한 가지 쟁점이 더 드러나요. 바로 동물산업복합체에서 일하는 노동자들의 문제입니다. 2011년에 구제역으로 인해 300만 마리 이상의 동물들을 살처분

---

18 반다나 시바, 『자연과 지식의 약탈자들』, 한재각 옮김, 당대, 2000, 서론과 3장 참조.

19 동물산업복합체에 대한 개념정의와 자세한 소개는 다음을 참조할 것. Twine, Richard, "The industrialisation of animals: What happened to ethics?", *The scavenger*, 2010.12.10., http://www.thescavenger.net/social-justice-sp-24912/animals/538-the-iindustrialisation-of-animals-where-are-the-ethics-89912.html (검색일: 2018. 1. 20); "Revealing the 'Animal-Industrial Complex', A Concept & Method for Critical Animal Studies?", *Journal for Critical Animal Studies*, vol.10, Issue 1, 2012.

했을 때, 매몰 작업을 했던 공무원이 자살하는 사건이 있었습니다. 또 2016년에는 돼지 축산농가에서 일하던 이주노동자가 질식사하는 사고도 있었죠. 고깃값이 싸고 가죽제품을 손쉽게 구할 수 있는 것은 동물의 생명을 무상으로 착취하기 때문이기도 하지만, 열악한 노동조건 때문이기도 합니다. 거위에 마취도 하지 않은 채 피부에 피가 고이도록 털을 뽑는 노동자는 대기업과 하청업체 사이의 긴 연쇄 고리의 말단에 있습니다. 아주 적은 임금을 받고 더러운 작업장에서 정해진 노동시간 안에 거위 털을 최대한 많이 뽑아야 할 때, 영세 사업주와 노동자에게 마취제는 선택지가 되지 못하는 것이죠. 그러니까 이런 문제를 그 노동자 개인의 윤리 문제로 환원하면 안 된다고 생각해요. 경제적이고 정치적인 틀 속에서 바라봐야 하는 거죠.

자본주의가 발전이나 개발이라는 이름으로 여성과 동물의 육체를 자원으로 사용하고 그들의 노동을 싼 값에 착취하는 것은 여러 지배논리의 협력을 통해 가능해 집니다. 소위 '먹고사니즘'이나 경제 성장이 다른 모든 가치나 목적을 압도하는 것도 사실이지만 이것만으로는 충분하지 않습니다. 인간 외의 동물은 대량 살상해도 괜찮은 육체라는 사회적 허용, 여성의 노동은 덜 중요하고 덜 생산적이라는 인식, 자연적인 것과 동물적인 것은 인간의 편익을 위해 마음대로 해도 좋다는 생각이 얼만큼 일반적으로 유통되느냐에 따라 자본의 운신의 폭은 달라질 수밖에 없습니다.

교차로에서 타자를 만나는 페미니즘

최근에 일회용 생리대의 발암 물질이 문제가 됐잖아요? 그런데 아직 우리의 논의는 여성의 건강 문제와 기업의 윤리 문제를 넘어서지 못했어요. 결국 여성들이 스스로 더 나은 생리대를 찾아 나서고 기업이 좀 더 나은 상품을 만들고 정부가 더 적합한 기준으로 검증을 하는 것 이상의 결론이 나오기가 어려운 거죠. 조금만 시야를 확장하면 다른 문제들도 같이 생각해 볼 수 있습니다. 썩어서 분해되는 데 백 년이 걸리는 일회용 생리대의 독성물질이 흙, 물, 공기에 어떤 영향을 주었을지, 그 독성물질에 노출된 동물들은 어떤 영향을 받았을지, 생리대에 화학처리를 하는 공장에서 일하는 노동자들의 건강은 어떨지, 생리대를 갈 때 활동보조인이나 가족의 도움을 받아야 하는 장애여성에게 생리컵이나 면생리대가 대안이 될 수 있는지 하는 것들 말입니다.

캐나다 토론토에 있는 〈여성, 환경교육과 개발〉이라는 단체의 사례를 소개하겠습니다. 이 단체는 "표백은 그만"이라는 캠페인을 벌였어요. 이 캠페인은 표백제를 사용하는 여성들 자신의 건강에 대한 관심에서 시작되었다고 합니다. 하지만 이 단체의 활동은 대안생리용품을 사용하고 관련 상품의 소비 방식을 바꾸고 표백제를 쓰지 않는 제품을 구매하도록 하는 데서 그치지 않고 확장되었습니다. '대서양수질국제위원회'에 참여해 인간과 인간 외의 동물에 화학물질이 미치는 영향에 대해 조사하도록 압력을 가하고, 여성 건강과 월경용품에 대한 공적 관심과 토론을 크게 확산시키는 등의 활동을 하고, 캠페인의 명

칭을 "건강과 환경을 위한 여성 네트워크"로 바꾸었답니다.[20]

한국에서도 〈여성환경연대〉가 비슷한 활동들을 하고 있지만, 일회용 생리대의 발암물질 때문에 고민이 많았던 여성들 중 "그럼 내가 버린 다음 생리대는 어떻게 되었을까? 그걸 만드는 사람들은 괜찮을까?"라는 질문까지 했던 경우는 많지 않았던 것 같아요. 누구보다 오랫동안 생리대 문제에 힘써왔던 〈여성환경연대〉의 후원자가 거의 늘지 않았다고 하거든요.

물론 모든 여성이 또는 모든 페미니스트가 사회에서 발생하는 모든 문제에 관심을 갖고 움직일 필요는 없습니다. 이게 의무라고 이야기하는 건 아니에요. 내가 여성으로서, 페미니스트로서 주목하고 있는 쟁점의 성격과 구조를 정확히 이해하고 이 문제를 해결할 대안이나 주장을 제시하거나 자신의 입장을 세우려면, 나 자신과 내 경험이 자리하고 있는 곳이 어디인지 살펴야 한다는 것입니다. 페미니스트로서 내가 제시하는 전망이 다른 경험을 하고 다른 자리에 서 있는 이들에게도 설득력이 있고 동의할만한 것인지 생각해 봐야 한다는 것입니다.

'페미니스트'는 정체성이 아니라 정치적 주체 입장입니다. 정치적 주체로서 페미니스트는 '어떤 사회가 좋은 사회인가?'라는 질문에 답할 수 있어야 하고, 그 답은 생물학적인 여자라는 하나의 정체성 집단만이 아니라, 현재의 사회에서 배제되고 주변부로 밀려난 다른 정체성

---

20 Sandilands, Catriona, *The Good-Natured Feminist: Ecofeminism and the Quest for Democracy*, University of Minnesota Press, 1999, pp. 200-201.

집단들에게도 만족스러운 것이어야 합니다. 그들이 함께 춤출 수 없다면, 페미니즘의 혁명에 누가 함께 하겠어요?[21]

우리는 관계 속에서 살아갑니다. 살아있는 모든 존재는 관계 속에 있으며 관계를 통해서만 존재합니다. 그렇기 때문에 우리가 여성으로서 겪는 경험이나 행위, 지식은 여성이라는 하나의 정체성에만 고립되어 있지 않습니다. '나'를 구성하는 여러 정체성들은 한 사람 혹은 어떤 집단에 속하는 사람들 내부에서 독특한 배치를 이룹니다. 그리고 그 배치가 '문제'와 '권력'을 구성합니다. 우리는 모든 면에서 한계를 갖는 인간이기 때문에 전지적 관점에서 이 배치도를 내려다볼 수 없습니다. 다만 우리가 서 있는 자리에서 각도를 이리저리 틀어가며 살펴보고 조각들을 맞춰보는 수밖에 없겠지요. 이런 한계를 인정하는 것은 "그러니까 난 이것밖에 못해. 나는 내 노만 저을 거야."라고 선언하는 게 아닙니다. 내 경험과 지식의 부분성을 인정하는 것은 오히려 내 울타리의 확장과 연대의 출발점입니다. 내가 피해자이면서 동시에 가해자일 수 있다는 것, 착취당하는 만큼 누군가를 착취하기도 한다는 것, 권리를 제약당하는 한편 상대적 특권을 누리고 있다는 것을 인식하고 인정하는 것입니다. 이 인식과 인정은 우리가 계속해서 다른 사람의 이야기를 경청하게 하고, 나와 다른 입장에 있는 이들을 만나게 하며, 끊임없이 배우고 교섭하게 하는 힘입니다.

---

21 엠마 골드만의 유명한 말, "If I can't dance, I don't want to be part of your revolution"을 차용했다.

제가 페미니즘에서 배운 가장 소중한 것은 그렇게 타자를 만나는 방식입니다. 페미니즘이 열어 놓은 수많은 길마다 여성과 마찬가지로 괴물, 미친 자, 비정상, 열등한 것, 비천한 것, 결핍된 것, 그림자가 되어 변두리로 밀려난 이들이 있었습니다. 그들은 결국 제 자신이기도 했습니다. '나'라는 이 독특한 매듭을 얽은 실들을 따라가면 거기에 기어코 그들이 있었으니까요. 그 타자들 중 저에게 가장 어렵고 큰 변화를 요구하는 타자, 가장 경이롭고 중요하게 생각된 타자는 자연과 동물이었습니다. 당신에게는 누구인가요?

4. 여자인 동물과 동물인 여자: 종차별주의를 넘어 교차성으로